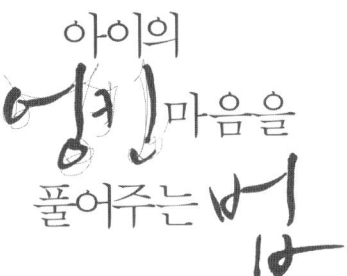
아이의 엉킨 마음을 풀어주는 법

아이의 엉킨 마음을 풀어주는 법

상담실에서 만난 아픈 십대와 부모 이야기

이경자 지음

아우름

프롤로그

언젠가부터 아이가 낯설고 어려워진 당신에게

상담실에서 만난 대부분의 아이들은 평범했다. 그들의 부모 역시 특별한 문제는 없었다. 그런데 모두 힘들어했고 아파했다.

서로를 향한 사랑은 상대방에게 전혀 전달되지 않았고, 오히려 서로 가혹하게 생채기를 내고 있었다. 상처가 채 아물기도 전에 마음에도 없는 모진 말로 상처를 덧나게 만들고 있었다. 행복한 가정이라는 말은 이미 사라진 지 오래였고, 부모와 아이 모두 지옥 같은 하루하루가 빨리 지나가기만을 바라고 있었다. 그러나 변화되지 않는 관계 속에서 흘러가는 시간은 아무것도 해결해주지 않는다.

천사 같기만 하던 내 아이가 낯설어지는 순간이 있다. 귀찮을 정도로 졸졸 따라다니며 이것저것 물어보던 아이가 어느 날부터 묻는 말에 대답은 고사하고 방문을 쾅 닫고 들어가버린다. 분명 내 아이인데,

이 녀석이 무슨 생각을 하고 있는지 도통 알 수가 없다. 어떤 고민을 하는지도 모르겠다. 속은 타들어가고 답답함만 쌓인다. 걱정스러운 마음에 이야기를 건넨다는 게 잔소리로 바뀌어버린다. 대화는 단절되고 거리는 점점 더 멀어진다.

분명 내 아이인데, 낯설다.
아이를 사랑하는 마음은 변하지 않았는데, 힘들다.
아이가 무슨 생각을 하고 사는 건지, 두렵다.
아이와 속을 터놓고 말해보고 싶지만, 어렵다.
아이의 진짜 마음을 알고 싶지만, 무섭다.

이 책에는 부모와 친구들 그리고 세상으로 통하는 문을 닫아버리고 혼자 힘들어하는 많은 아이들이 등장한다. 그러한 자녀를 바라보며 해결책을 찾지 못해 고통스러워하는 부모들 또한 만나게 된다.

아무도 자기 마음을 몰라준다는 생각에 자해를 택한 여중생, 아버지가 공부를 강요해 게임중독에 빠진 남중생, 친구들에게 왕따를 당하고 말을 잃어버린 초등학생…… 이 아이들은 엄청난 마음의 병이나 심각한 문제를 안고 있는 아이들이 아니었다. 우리 주변 어디서나 흔히 볼 수 있는 평범한 아이들이다. 다만 다른 아이들보다 조금 더 큰 상처를 받았을 뿐이고, 조금 더 많이 아파했을 뿐이다.

상담을 통해서 그들이 숨을 수밖에 없었던 진짜 이유들을 어른들이 알게 됐고, 어른들의 말과 행동이 변해가면서 진정한 관계 회복이 이루어질 수 있었다. 무작정 아이를 윽박지르던 부모는 아이의 상처에 공감할 수 있었고, 제자에게 문제아라는 낙인을 찍고 골머리를 앓던 선생님은 그를 진심으로 감싸줄 수 있게 됐다.

아이가 '말하지 못한 마음'이 상처로 남는다

많은 어른들은 요즘 아이들이 위아래도 없이 안하무인이라고 비난하며 장차 이 나라가 걱정이라고 혀를 찬다. 그러나 가까이에서 아이들을 만나보면 절대 그렇지 않다. 아이들은 그저 방법을 모를 뿐이다. 어떻게 해야 자기 진심을 전하고 도움을 청할 수 있는지 알지 못할 뿐이다.

아이들은 자기들의 진짜 목소리에 귀를 기울여달라고 애원하고 있다. 그런데 많은 어른들은 아이들의 진짜 목소리에 관심이 없다. 그들이 보여주는 말과 행동만을 보고 비난하며 훈계하려 든다. 아이들이 '말하지 못한 마음'은 그렇게 표현되지 못한 채, 아이들의 마음속에 묻힌다.

아이들의 바람직하지 않은 행동 뒤에는 분명 이유가 있다. 그 이유, 진짜 속마음을 알아차릴 수만 있다면 부모와 자식 간의 관계는 별로 염려할 일이 없다. 자녀의 속마음을 읽을 수 있는 부모라면 어느 날 갑자기 방문을 닫고 들어가버리는 자녀의 뒷모습을 보고도 여유롭게 기다릴 수 있다. 자녀가 방문을 닫고 들어가는 진짜 이유를 알고 있다면 부모가 다가갈 수도 있고, 자녀가 다시 문을 열고 나올 수도 있다.

　자녀들이 부모로부터 공감받고 충분한 사랑과 격려를 받으며 자존감 높은 아이로 잘 자랐을 때, 자신도 행복해질 뿐 아니라 타인과도 행복한 관계를 만들 수 있다. 친구들의 부족한 점을 찾아 이상한 아이라며 왕따를 시키지도 않을 것이며, 일방적으로 괴롭힘을 당하는 친구를 보고도 모른 척하며 비겁하게 눈감지도 않을 것이다. 다른 사람들을 배려하고 공감할 수 있는 아이들은 진정한 어울림을 통해 행복하게 살아갈 수 있다. 학교에 행복한 아이들이 많으면 학교폭력 또한 사라질 수 있다. 자신의 불만이나 불행을 폭력이라는 방식으로 표출하는 아이들이 많기 때문이다. 즉 자녀를 행복한 아이로 키우는 것은 학교폭력을 예방할 수 있는 근본적인 처방이다.
　이 책에 등장하는 사례들을 통해 우리 모두 자녀들의 생각과 목소리에 귀기울이고 공감하며, 자녀들을 진심으로 칭찬하고 격려할 수 있는 부모가 되기를 간절히 바란다.

아이가 자라는 만큼 부모도 자라야 한다

　우리는 부모가 되는 축복을 받음과 동시에 자녀를 통해서 성숙한 인간이 되라는 의무를 함께 받았다. 그래서 자녀는 부모에게 양육해야 할 대상인 동시에 나아갈 길을 알려주는 스승이기도 하다. 자녀가 성장하는 만큼 분명 부모도 성장해야 한다. 자녀를 통해서 어떻게 살아야 할지에 대한 방법을 찾을 수 있고, 내 아이가 귀한 만큼 다른 아이의 소중함, 나아가 생명의 존엄함을 가슴으로 느끼게 된다.

나 또한 두 자녀로 인해 엄마로서 축복을 누렸고, 성숙한 인간이 되기 위해 혹독하게 훈련받는 과정중에 있다. 울어야 했던 순간도 많았지만 가슴 벅차게 행복했던 순간은 더욱 많았다. 그래서 함께할 수 있는 이 순간순간을 즐기려고 노력하며 살아가고 있다.

이 책이 나오기까지 도움을 주신 많은 분들이 있다. 부족한 나를 믿고 함께해준 내담자와 그들의 부모님께 먼저 머리 숙여 감사의 뜻을 전하고 싶다. 그리고 문학동네 출판그룹의 편집자에게 정말 고맙다는 이야기를 전하고 싶다. 그가 부모님들께 도움이 되는 따뜻한 사례집이 될 거라며 격려해주지 않았다면 아마 제대로 마무리하지 못했을지도 모른다. 상담하며 글 쓰느라 바쁘다는 핑계로 제대로 챙겨주지 못해 늘 미안했던 수험생 아들, 발레리나의 꿈을 향해 열심히 달려가고 있는 예쁜 딸, 그리고 항상 당신이 최고라고 칭찬해주는 남편에게도 감사와 사랑을 전한다.

이경자

| 차례 |

프롤로그 언젠가부터 아이가 낯설고 어려워진 당신에게 • 005

1장
입도 귀도 마음도 닫아버린 아이들

매일 아침 눈뜨는 게 무서워요
아무도 자기 마음을 몰라준다는 생각에 자해를 택한 아이 • 019

"너만 힘드냐? 죽을 용기도 없는 게……"
부모가 귀를 열지 않으면, 아이는 입을 열지 않는다
지금 아이들은 화가 나 있다

아빠는 제가 쪽팔리대요
공부를 강요하는 아빠를 피해 게임으로 도망친 아이 • 028

"집에서는 숨도 쉴 수 없어요"
"아빠는 공부 귀신이 들렸어요"
아무리 노력해도 충족시킬 수 없는 기대, 노력을 멈추는 아이들

잘 모르겠어요, 잘 모르겠어요, 잘 모르겠어요
학교에만 가면 마네킹이 되는 아이 • 038

명령하는 부모가 생각 없는 아이를 만든다
소통하려는 욕구가 없는 아이, '들어주기'보다 '보여주기'
'말 없는 아이'는 '생각 없는 아이'일 수 있다
자기에 대한 관심이 타인에 대한 관심으로 이어진다

그냥 이불 덮어씌우고 밟으면서 논 건데요?
'폭력'을 '놀이'로 만든 아이들 • 050

    고개를 숙인 채 바닥만 바라보는 아이
    노는 법을 모르는 아이들의 '기형적인 놀이'
    보호받지 못했다는 배신감, 마음의 벽은 그렇게 높아진다
    몸을 움직이면, 마음도 움직인다

저 학교는 좋겠다, 폭력이 없어서……
집밖에서는 입을 열지 않는 아이 • 062

    침묵과 외면, 또다른 형태의 폭력
    언젠가부터 '이상한 아이'가 넘쳐나기 시작했다

아이의 별명은 '정신병자' '또라이' '바보'
조금 다르다는 이유로 따돌림당하는 아이들 • 068

    "저는 이상한 게 아니라 특별한 겁니다"
    자신을 알고 나면 자신감이 생긴다
    아이에게 돌아온 한결같은 반응 "제발 좀……!"
    입장 바꿔 생각할 줄 아는 아이가 어울릴 줄 아는 아이다
    다른 사람과 어울리는 법을 알려주는 훈련

친구 따윈 필요 없는걸요
친구 대신 게임 캐릭터와 책에 빠져든 아이들 • 086

    친구를 사귀는 데도 '조기교육'이 필요하다
    "친구와 잘 지내는 기술을 배우고 싶어요"
    친구를 사귀고 싶지 않은 아이는 없다, 사귀기가 어려울 뿐
    관계를 맺는 데도 연습이 필요하다

2장
무엇을 해야 할지 모르는 부모들

내 아이는 무조건 최고여야 해요
딸을 통해 대리만족하는 엄마, 엇나가는 딸 · 103

그토록 착하기만 하던 내 아이가 어느 날 갑자기
이미 상처받은 아이는 어른이 화난 이유에 관심을 갖지 않는다
"내가 저를 어떻게 키웠는데……" "엄마는 나를 몰라"
내가 주고 싶은 사랑이 아니라, 아이가 원하는 사랑을 줘야 한다

너무 잘해주는 게 왜 문제죠?
아이를 떠받드는 할머니, 스스로 성장을 멈춘 손녀 · 115

어른들의 넘치는 사랑 때문에 스스로 인형이 되어버린 아이
"저도 혼자 해보고 싶지만…… 그러면 할머니가 슬퍼하니까요"
진정한 사랑은 부딪히고 넘어지고 깨지는 법도 알려주는 것

사랑받을 행동을 해야 사랑해주는 것 아닌가요?
관심을 쏟지 못하는 엄마, 미운 짓만 골라 하는 아들 • **124**

    일부러 미운 짓만 골라 하는 아이
    아이의 산만함은 기질의 문제가 아니라 환경의 문제다

너는 나처럼 살게 하지 않을 거야
매일 싸우는 부모, 불안에 떠는 아이 • **132**

    엄마에게 욕설을, 아빠에게 폭력을 배운 아이
    "엄마 아빠가 이혼하게 될까봐 무서워요"
    아이의 미래는 부모의 현재가 만든다

아빠는 아빠대로, 엄마는 엄마대로
아이 교육을 놓고 충돌하는 부모, 혼란스러운 아이 • **145**

    엄마는 감싸고, 아빠는 혼내고, 아이는 헷갈리고
    자녀양육의 첫번째 조건, 기준 정하기

3장
아이의 엉킨 마음을 풀어주는 법

이기는 법만큼 잘 지는 법도 중요하다
반칙을 일삼는 아이를 바로잡는 행동기준 · 157

- 이기려고만 하는 아이 옆에는 아무도 오지 않는다
- 의무감으로 아이를 대하지 마라
- 원하는 것을 들어주는 데도 분명한 기준이 필요하다

"안 돼"가 거짓말을 낳는다
아이 스스로 깨닫게 하는 '울타리 밖 교육' · 168

- 엄마 아빠가 세상에서 제일 싫고 무서운 '착한 아들'
- 넓고 편안하기만 한 길은 재미없다
- 아이들은 어른들의 생각보다 똑똑하다

크나큰 기대가 아이를 작디작게 만든다
위축된 아이를 응원하는 칭찬훈련 · 180

- "결국은 아버지를 실망시키는 아들이 될 수밖에 없을 거예요"
- 칭찬만큼 큰 응원은 없다

짐작하지 말고 질문하자
말하지 못한 아이의 마음을 들어주는 법 · 192

- 아이의 모든 행동에는 그 나름의 이유가 있다
- 아무도 내 말을 못 알아들어 답답한 아이

아이에게도 자존심은 있다
어떻게 대해야 할지 모르겠는 아이를 위한 처방전 · 200

- "집을 나와보니 우리 엄마가 너무 불쌍한 거예요"
- 들키고 싶지 않은 상처가 밝혀진 아이
- "어른들은 대체 왜 그래요?"

성공감은 자신감으로 이어진다
무기력한 아이를 북돋는 놀이활동 • 210

    "그런 건 아무 소용 없어요"
    반복된 실패 경험은 무기력으로 이어진다
    자녀의 있는 그대로의 모습을 인정해주고 있는가
    선택을 힘들어하는 아이들
    성공감을 경험하게 하는 놀이활동

산만함은 호기심이 많다는 증거다
산만한 아이를 위한 주의집중력 훈련 • 226

    쭈뼛쭈뼛 눈치만 보는 아이
    아이들은 표현하지 않으면 모른다
    산만한 아이들은 보고 싶은 것만 보고, 듣고 싶은 것만 듣는다
    모르면 집중할 수 없다
    공부에 재미를 붙이는 놀이활동

"네가 내 아이라서 정말 고맙다"라는 한마디
아이의 닫힌 마음을 푸는 열쇠 • 241

    아이들은 대부분 자신이 불행하다고 생각한다
    지친 아이는 작은 자극에도 분노를 표출한다
    대화는 꼬인 실타래를 푸는 시작이다
    칭찬은 많은 것을 이루어낸다

에필로그 아이는 기다리고 있다 • 255
    부록 • 258

1장
입도 귀도 마음도 닫아버린 아이들

매일 아침 눈뜨는 게 무서워요
아무도 자기 마음을 몰라준다는 생각에 자해를 택한 아이

"매일 아침마다 눈뜨는 게 무서웠어요."

자해를 시도한 지 얼마 되지 않아 상담실을 찾은 중학교 1학년 다빈이는 창백한 얼굴로 말했다. 중학생이 된 후 늘어난 교과목 수와 엄청난 학습량으로 심적 부담이 컸다. '선배들한테 찍히면 끝장'이라는 친구들의 엄포도 다빈이를 더욱 긴장하게 만들었다. 복장을 포함한 여러 가지 규율에 대해서 전달받을 때는 숨이 막히는 기분이었다. 작은 실수도 모두 벌점으로 연결된다는 설명이 일종의 협박처럼 들렸다. 중학교생활은 시작부터 숨통을 죄는 듯했다.

부모님의 잔소리 역시 중압감으로 다가왔다. 중학생이 된 후 부모님은 눈만 마주치면 "공부 열심히 해야 한다"라는 말만 되풀이했다. 무거운 가방을 메고 힘없이 집을 나서는 발걸음 뒤로 "수업시간에 딴

짓하지 말고 집중해" 하는 잔소리가 쏟아졌다. 학교에서 돌아오면 부랴부랴 학원으로 향하는 일과의 반복, 엄마에게 너무 힘들다고 털어놓았지만 "우리나라 중학생은 다 똑같아. 엄살떨지 마" 하는 핀잔만 돌아올 뿐이었다.

혹시 같은 처지에 놓인 친구들이라면 이해해주지 않을까, 답답한 마음에 고민을 말해봤지만 반응은 예상과 달랐다. "새삼스럽지 않은 일로 뭘 그래!" 하며 싸늘한 눈빛으로 쳐다보는 친구들 앞에서 다빈이는 할말을 잃었다.

사실 공부만큼 어려운 것이 친구관계였다. 몇 명이 어울리다가도 그 안에서 다시 편이 나뉘기도 했고, 자기 앞에서 다른 친구 욕을 했던 아이가 다시 자기 욕을 하고 다닌다는 이야기가 들리기도 했다. 함께 웃고 떠들며 놀다가도 다른 곳에서 내 험담을 할지 모른다는 생각이 들면 등골이 서늘해졌다.

"너만 힘드냐? 죽을 용기도 없는 게……"

여름방학이 끝나고 2학기를 맞았지만 상황은 별로 달라지지 않았다. 힘겹게 중간고사를 치르고 나면 숨 돌릴 틈도 없이 기말고사가 다가왔다. 시험, 시험, 또 시험. 학창시절이 끝날 때까지 이런 생활이 반복된다고 생각하니 눈앞이 깜깜해졌다. 학급 채팅방에 고민을 털어놓았다. 일전에 친구들에게 빈축을 사긴 했지만, 그래도 누군가는 공감해주지 않을까 하는 기대에서였다. 설사 아무도 몰라준다 해도 이야기를 하고 나면 속이라도 좀 시원해지지 않을까싶었다. 그런데 전혀 상상도 못한 상황이 벌어졌다. 질시와 조롱이 담긴 악성 댓글이 줄을 이었다.

"너만 힘드냐?"

"힘들면 죽든지. 죽을 용기도 없는 게."

"어떻게 하면 죽을 수 있는지 알려줄까?"

다빈이는 친구들의 무지막지한 댓글에 시달렸다. 마치 공공의 적이라도 된 것 같았다. 학교에 가면 삼삼오오 짝을 지어 뒤에서 욕하는 소리가 들렸다. 모든 친구들이 자기를 향해 손가락질하는 것 같아 교실에 앉아 있기조차 괴로웠다. 단짝이라고 생각했던 친구들마저 서먹해졌고 세상에 홀로 남겨진 기분이 들었다.

제대로 먹을 수도 잘 수도 없었다. 잠을 못 자서 늘 머리가 지끈거렸다. 잠자리에 누우면 내일 아침이 오는 게 너무 두려웠다. 이대로 잠들어 영원히 깨지 않았으면 좋겠다는 생각만 들었다. 그런데 연필꽂이에 꽂혀 있는 칼을 보는 순간, 친구들이 댓글로 죽을 수 있는 방법이라고 알려준 게 떠올랐다.

손목에 가져다 댔다. 살짝 힘을 주었다. 아무런 반응도 나타나지 않았고, 아프다는 느낌도 들지 않았다. 그런데 잠시 후 피가 보이기 시작했다. 붉은 피를 보자 두려움이 몰려왔다. 황급히 일회용 반창고를 붙였다. 다행히 상처는 깊지 않았다. 놀란 마음을 진정시키며 다시 침대에 누웠다. 그러나 여전히 잠은 오지 않았다.

이런 밤이 보름 이상 계속되었다. 학교생활은 나아지지 않았다. 길에서 교복 입은 학생만 봐도 소름이 돋았다. 마치 그들이 욕을 하며 달려들 것만 같았다. 하루종일 입 한번 열지 않고 앉아만 있다가 학교를 나서는 일이 많아졌다. 더이상 견딜 수 없었다. 집에 돌아와서 다시 칼을 꺼내 손목에 대고 그었다. 옷, 방바닥, 책가방 여기저기 피가 묻었다. 겁에 질린 비명에 놀라 엄마 아빠가 달려왔다.

부모가 귀를 열지 않으면, 아이는 입을 열지 않는다

어쩌면 '누구나 거치는 학창시절인데 혼자만 유별나게 힘들어하는 것 아니냐'며 혀를 차는 사람이 있을지도 모른다. '귀하게만 커서 어려움을 모르는 게 문제'라며 안타까워하는 사람도 있을 수 있다. '나약해 빠졌다'고 비난하는 사람도 있을 것이다. 요즘 아이들이 나약하다는 말도, 이럴수록 고통에 맞설 수 있는 힘을 기르도록 도와야 한다는 주장도 틀린 것은 아니다. 하지만 그전에 아이가 왜 그토록 힘들어하는지, 무엇이 어렵고 무엇을 견딜 수 없는지에 대해 들어주는 것이 우선 아닐까.

자해라는 극단적인 선택을 하는 아이들은 '나약해서'가 아니라 '몰라서'인 경우가 많다. 특히 다빈이처럼 사춘기에 접어든 아이들은 감성적으로는 예민한 반면, 이성적인 판단이나 감정을 조절하는 전두엽이 완전히 성숙하지 않아서 잘못된 선택을 하곤 한다. 자신의 선택이 어떤 엄청난 파장을 불러올지 제대로 예측하지 못하는 것이다.

다빈이가 그저 아파만 하고, 극복하려는 노력을 하지 않았던 것은 아니다. 수업시간에도 집중하려고 애썼고, 몸과 마음이 힘든 가운데도 학원에 빠지지 않으며 열심히 공부했다. 친구들과의 관계를 회복해보기 위해서도 제 나름대로 최선을 다했다. 하지만 다빈이의 '외로운 사투'를 아무도 알아주지 않았다. 친구들의 시선은 싸늘했고, 부모님은 공부 외의 이야기엔 귀를 기울이지 않았다.

다빈이는 여러 번 시도했다. 한번은 엄마에게 이야기하면 도움을 받을 수 있지 않을까 하는 기대로, 빨래를 개고 있는 엄마 옆에 앉았다.
"엄마, 중학교는 초등학교랑 너무 달라."
"그럼 중학교가 초등학교랑 같을 줄 알았니?"
엄마의 대답은 퉁명스러웠다.
"이렇게 힘든 학교생활을 언제까지 해야 하지?"
엄마의 시큰둥한 반응에 기운이 빠진 아이는 혼잣말처럼 중얼거렸다. 그런데 그때 엄마의 짜증 섞인 질책이 날아들었다.

"너만 힘든 것도 아닌데 엄마보고 어쩌라는 거야? 그만한 각오도 안 하고 중학생이 됐어? 그런 고민할 시간 있으면 방에 들어가서 영어 단어라도 하나 더 외워. 아휴, 답답해. 정말!"

잔뜩 화를 퍼부은 엄마는 빨래를 개다 말고 수건 몇 장을 들고 욕실로 들어가버렸다. 다빈이는 그 자리에 멍하니 앉아 있었다.

'그냥 좀 힘들다고 말한 것뿐인데. 내가 하기 싫다고 한 것도 아니고, 그냥 힘들다는 거잖아. 힘든데, 정말 많이 힘든데, 힘들어하면 안 되는 거야? 그럼 도대체 어떻게 해야 하지?'

눈물을 흘리며 방으로 들어간 다빈이는 앞으로는 엄마에게 절대 속내를 털어놓지 말아야겠다고 결심했다. 그날부터였다. 엄마가 무슨 말을 건네도 다빈이가 대답 없이 방으로 들어가기 시작한 건. 그러다 그 사건이 터진 것이다.

지금 아이들은 화가 나 있다

착한 딸이 뉴스에서나 접했던 자해를 했다는 사실은 부모에게도 받아들이기 힘든 충격이고 상처였다. 하지만 우선은 다빈이를 챙겨야 했다. 완전히 방전돼버린 다빈이는 계속 자살충동에 시달리고 있었다. 상담실에 온 첫날, 바로 다빈이에게 병원치료를 권유했고 약물을 복용하면서 상담치료를 병행했다.

"친구들이 생각 없이 한 말이니 무시해버려. 왜 마음에 담고 힘들어하니?"

"친구들이 뭐라고 하든지 신경쓰지 마. 네 생각이 중요한 거야."

"네가 좀더 강하게 대처했으면 좋았을 텐데…… 별거 아니야. 곧 괜찮아질 거야."

선생님도 부모님도 안타까움에 한마디씩 전했다. 그러나 다빈이에게는 어른들의 위로가 또다른 나무람 같았다. 결국은 자신이 약하고 모자라서 벌어진 일이라며 자책할 뿐이었다.

자해를 하는 아이는 엄청난 삶의 무게를 지닌 불행한 아이일 거라고 생각하는 어른들이 종종 있다. 혹은 심리가 불안정하거나 너무 나약해서 그런 선택을 하는 거라고 짐작하기도 한다. 하지만 한창 예민한 시기에는 어른들이 별 뜻 없이 툭 던진 한마디에도 크나큰 상처를 받는다. 공감해주기를 기대했던 친구들의 가시 돋친 말은 더욱 깊은 상처를 남긴다.

그런데 다빈이의 친구들은 왜 그토록 모진 말을 한 걸까? 자신들이 처한 상황도 크게 다르지 않을 텐데, 왜 같은 고민으로 힘겨워하는 친구의 아픔을 위로해주지 않은 걸까? 사실 어른들이 만들어놓은 무한경쟁 상황에서 힘겹게 하루하루를 보내는 우리나라 청소년들이 또래와 건강한 우정을 쌓기란 쉽지 않다. 대부분의 아이들이 즐거움이 무엇인지 모른 채 힘겨운 학창시절을 억지로 버텨내고 있다. 각자 삶의 무게에 눌려 신음하느라 친구의 비명을 듣지 못한다. 그래서 아프고 지친 친구에게 돌을 던지기도 한다. "힘들지? 사실은 나도 힘들어"라고 말하는 대신 "너만 힘드냐! 그렇게 해서 죽겠냐?"라고 말해버리는 것이다.

현재 많은 청소년들이 화가 나 있다. 각자가 처한 힘든 상황을 공감받거나 위로받지 못한다고 느낀다. 그래서 때로는 해소되지 못한 분노가 방향을 잃고 분출될 때가 있다. 바로 그 분노가 표출되는 방향에 힘없는 아이가 서 있다면 엄청난 충격을 받을 수도 있다.

그런데 다빈이가 거기 서 있었다. 친구들도 비슷한 고민을 할 거라는 생각에 자신의 속마음을 드러냈다. 제 나름대로 열심히 공부했는데도 시험 결과는 엉망이었고 나아질 거라는 희망도 보이지 않았다. 절망적인 상황에서 다시 눈을 뜨면 내일이 다가오는 게 두려웠다. 너무 두려워서 친구들에게 "나 힘들어서 죽을 것 같아"라고 말했다가 악성 댓글의 폭격을 받아야 했다.

이것이 아이들의 문제일까? 요즘 아이들이 너무 폭력적이고 잔인해서일까? 아이들 탓으로만 돌릴 수는 없는 문제다. 공감받아본 적 없는 아이가 어떻게 공감할 수 있을까. 위로받아본 적 없는 아이가 어떻게 위로할 수 있을까. 어쩌면 공감하지 못하고 위로하지 못한 채 친구를 할퀴고 공격하는 아이들은, 공감해주지 못하고 위로해주지 못한 어른들의 반영일지도 모른다. 아이의 문제는 곧 어른의 문제일 수 있다. 아이들이 진짜 화를 내는 상대는 자기 자신도, 친구도 아닌 우리 어른이 아닐까.

아이는 계속 신호를 보낸다_ 어느 날 갑자기 돌변한 아이를 본 부모는 당황한다. 착하던 아이가 무슨 이유로 이렇게 반항하는지, 밝고 건강하던 아이가 왜 이토록 기운 없고 우울해하는지 알 수 없어 고민한다. 하지만 아이의 변화에 '갑자기'란 있을 수 없다.

아이가 보내는 신호는 매우 미약할 수 있다. 그래서 주의를 기울이지 않으면 알아채기 어려운 경우가 많다. 하지만 그 신호를 놓치는 순간, 아이의 상처가 어떻게 터져버릴지는 모를 일이다. 내 아이는 다르다고, 별다른 문제가 없다며 안심하기 전에 아이가 어떤 신호를 보내고 있는지 다시 한번 살펴볼 일이다.

아빠는 제가 쪽팔리대요
공부를 강요하는 아빠를 피해 게임으로 도망친 아이

"도대체 뭐가 되려고 저러는지 모르겠어요."

컴퓨터 게임에 빠져 아무것도 하지 않으려 한다며 중3 아들을 억지로 상담실에 끌고 온 아버지가 말했다. 부모의 손에 이끌려 들어선 윤식이는 깡마른 남학생이었다. 학교를 가도 몇 시간을 견디지 못하고 머리가 아프다며 조퇴해서는 낮이고 밤이고 컴퓨터 앞에만 앉아 있는다고 했다. 너무 조퇴가 잦아서 선생님이 더이상 허락해주지 않자 무단이탈을 한 것도 한두 번이 아니란다. 그나마 교실에 있을 때도 대놓고 엎드려 잠을 잘 뿐이다. 벌점은 눈덩이처럼 쌓여갔다.

중학교 1학년 때까지는 그래도 눈에 띄게 반항하지는 않았다. 잘못할 때마다 매를 드는 아버지를 무서워해 공부하는 시늉이라도 했다. 그런데 이제는 아버지 말도 먹히지 않았다. 체벌에도 눈 하나 깜짝하지 않았다. 때릴 테면 때려보라고 덤비는 아들을 감당하기 버겁다며 아버지는 한숨을 쉬었다.

"집에서는 숨도 쉴 수 없어요"

"할말 없어요."

나와의 첫 만남에서도 윤식이는 졸린 듯 눈을 반쯤 감고 말했다. "졸립구나?"라고 묻자 그제야 눈을 살짝 뜨더니 "네" 하며 귀찮다는 듯 답했다.

"밤새 게임하느라 한숨도 못 잤어요."

"그럼, 좀 쉬고 있어."

아무래도 비몽사몽한 상태에서는 제대로 상담이 이루어지기 힘들 것 같아, 일단 아이를 좀 쉬게 하고 먼저 부모를 만났다. 화가 많이 난 아버지, 불안해하는 어머니. 두 사람 모두 얼굴에 수심이 가득했다.

"중학교 1학년 때까지는 착한 아들이었어요."

남편의 눈치를 살피며 조심스럽게 어머니가 입을 열었다.

"워낙 남편이 공부, 공부 하니까……"

"이 사람이, 내가 나서기 전에 당신이 제대로 시켰으면 됐을 거 아냐. 집구석에서 자식새끼 공부 하나 못 시켜놓고 뭔 할말이 있다고……"

남편이 윽박지르자 어머니는 갑자기 죄인처럼 고개를 숙였다. 집에서 자주 일어나는 상황인 듯했다. 상담실 밖에서는 아버지의 언행이 좀더 과격하리라 짐작되었다. 그렇다면 윤식이는 매번 이런 불편하고 어려운 상황을 접했다는 뜻이었다.

윤식이는 공부보다 운동을 좋아하는 활동적인 아이였다. 아이가 초등학교 5학년 때까지는 아버지도 주말마다 아들과 함께 축구를 하며 즐겁게 땀을 흘렸다. 회사일로 늘 바쁘지만 그래도 주말이면 함께 신나게 놀아주는 아버지를 아이는 좋아했다. 땀흘려 운동한 후 아이스크림을 먹으며 집으로 돌아오는 길에는 이런저런 이야기도 많이 나눴다. 꽤 다정한 부자지간이었다.

그런데 윤식이가 6학년이 되면서부터 아버지는 갑자기 과외교사로 돌변했다. 학원을 보내도 성적이 향상되지 않자 직접 영어와 수학을 가르치기 시작한 것이다. 아버지에게 배우면서부터 아이는 가뜩이나 흥미 없는 공부가 더욱 싫어졌다. 차라리 월수금은 수학학원, 화목토는 영어학원을 다니느라 밤늦게 집에 돌아왔던 때가 그리울 지경이었다. 일주일 분량의 숙제를 내준 아버지는 토요일이면 숙제 범위 내에서 시험을 치렀다. 틀린 문제 수만큼 때리기도 했다.

그때부터 아버지와의 관계는 완전히 틀어졌다. 지금은 다정함이라고는 찾아볼 수 없는 관계가 되어버렸다. 어쩌다 주중에 마주치기라도 하면 숙제 잘하고 있느냐는 말뿐인 아버지, 아버지의 잔소리를 걱정하며 빨리 방에 들어가 공부하라고 채근하는 어머니. 집에서는 숨을 쉬기도 힘들었다.

"아빠는 공부 귀신이 들렸어요"

　상담 첫날, 피곤하다며 잠을 잤던 윤식이. 그래서 첫 만남엔 서로 인사만 나누었다. 한 시간 이상 윤식이가 단잠을 자는 동안 깨우거나 귀찮게 하지 않았다. 세상과 소통하기 싫어서, 아니 소통할 수 없는 외로움을 달래기 위해서 게임으로 도망친 아이라면 억지로 상담을 진행하는 것은 의미가 없다. 차라리 아이가 원하는 휴식을 주는 것이 신뢰감을 쌓는 데 도움이 된다.

　마음이 꼬이고 엉켜 있는 아이에게, 바른 자세로 앉아서 질문에 대답해보라고 한들 기꺼이 응하는 경우는 거의 없다. 게임처럼 아이가 좋아하는 주제로 대화를 시작하든지, 아니면 힘들어 보이니 조금 쉬는 게 좋겠다며 마음을 헤아려주는 편이 효과적이다. 항상 꾸짖고 비난하는 어른들만 만난 아이는 자신을 좀 다르게 대해주는 어른에게는 쉽사리 마음의 문을 열어주기도 한다. 외롭기 때문이다. 게임중독인 아이들은 대부분 외롭고 허전한 마음을 달래기 위해 게임을 시작했다가 걷잡을 수 없이 빠져든다.

　두번째 만남부터 윤식이는 약간 경계심을 푼 듯했다. 집과 학교에서 어떻게 지내는지 묻자 "그저 그래요" 하며 성의 없게 대답했지만, 귀찮아하거나 짜증스러운 반응은 아니었다. 세번째 만남부터는 졸려하지도 않았다. 아이도 누군가와 말하고 싶었던 걸까? 말할 사람이 없었을 뿐, 마음을 털어놓을 상대를 기다려온 것은 아닐까? 묻는 말에만 짧게 대답하던 아이가 이번에는 아버지의 첫인상이 어땠냐고 먼저 질문을 던져왔다. 잠시 머뭇거리자 솔직히 말해보라며 재촉하는 아이.

"나보다는 윤식이가 아빠에 대해서 할말이 많은 것 같은데?"
"지금 아빠에 대해서는 별로 할말 없어요. 그냥 짜증나요."
"지금 아빠?"
"공부 귀신 들린 아빠요."
"예전의 아빠가 그립다는 말로 들리는데, 맞아?"
"……"

윤식이는 한동안 말이 없었다.

게임에 중독된 아이들을 보면 미래가 없는 듯 답답할 수 있다. 아무런 충고도 호통도 통하지 않는다는 갑갑함에 힘들어하는 부모들이 많다. 하지만 아이는 기다리고 있다. 자신이 왜 게임에 빠질 수밖에 없었는지 자신을 이해하고 상처를 어루만져주길, 게임 속 세상에 갇힌 자신을 현실세계로 이끌어주길, 표현하지 못할 뿐 분명 기다리고 있다. 게임중독인 아이들은 대부분 자신의 모습이 한심하고 싫으면서도, 그런 못난 자신을 잊기 위해 또다시 게임을 하게 된다. 악순환이다.

아이가 갑자기 잠만 자거나 게임만 한다면 생각하고 싶지 않은 현실로부터의 도피인 경우가 많다. 윤식이도 그랬다. 자신이 어떤 생각을 하는지에는 관심이 없고 무조건 명령에 따르라는 아버지를 받아들이기 힘들었다. 성적만을 강조하는 아버지로부터 도망가고 싶었다. 아무리 노력해도 기대를 채워줄 수 없다는 절망감이 자신을 더욱 비참하게 만들었다. 못나고 부족한 자신이 싫고 미워서 또다시 게임으로 도피할 수밖에 없었다.

명문대를 나와 대기업에 다니는 아버지는, 우리 가족이 남부럽지 않게 사는 것이 다 본인이 좋은 대학을 나왔기 때문이라고 입버릇처럼 말했다. 그러니 너도 명문대에 가야 한다고, 그래야 제대로 사람답게 살 수 있다고 강조했다. 하지만 윤식이는 공부가 적성에 맞지 않았다. 아무리 노력해도 아버지처럼 명문대에 갈 자신이 없었다.

'그럼 난 사람답게 못 사는 걸까? 난 사람 구실도 못 하는 걸까?'

아버지의 기대가 커질수록 아이의 자신감은 줄어들었다. 아이는 점점 작아져갔다.

중학생이 되자 학습량은 더욱 늘어났다. 제만은 열심히 한다고 해도 아버지가 원하는 만큼은 해낼 수 없었다. 금요일 밤만 되면 토요일에 벌어질 아버지와의 전쟁이 두려워 쉽게 잠을 이루지 못했다. 침대에 누워 있어봤자 걱정만 밀려오기에, 잡념을 떨치고자 게임을 했다.

그게 시작이었다.

점점 게임하는 시간이 길어졌다. 처음엔 다음날이 걱정되기도 했다. 그런데 시간이 지날수록 게임하는 동안엔 다른 생각이 나지 않았다. 상대를 향해 열심히 총을 쏘며 화면을 뚫어지게 보노라면 금세 새벽이 되곤 했다. 그렇게 잠이 들면 아침에 일어나기가 힘들었다. 억지로 눈을 뜨고 학교에 가지만 수업시간이면 졸음이 밀려와 책상에 엎드려 자기 일쑤였다. 그런 학생에게 날아오는 건 비난과 벌점뿐이었다. 늘 혼나기만 하는 학교는 재미없었다. 머리가 아팠고 속도 울렁거렸다. 그래서 자주 조퇴했다. 조퇴가 너무 잦다며 선생님이 허락하지 않을 때는 몰래 빠져나오기도 했다.

중3이 된 아들이 고교 진학에 대해서는 전혀 관심이 없고, 언제부턴가 아버지가 내준 과제를 하려고도 하지 않았다. 용돈을 끊겠다고 협박도 하고 체벌도 해보았다. 그러나 달라지지 않았다. 오히려 가족, 특히 아버지와는 눈도 맞추지 않고 불러도 대답하지 않았다. 아버지는 답답함을 아내에게 풀기 시작했다.

"집구석에서 도대체 하는 일이 뭐야? 내가 돈을 벌어오라고 했어? 나가서 일을 하라고 했어?"

"밥 먹고 하는 일이라고는 하나 있는 아들 챙기는 건데…… 그것도 제대로 못하고, 쯧쯧쯧……"

"임부장 아들은 과학고 준비한대! 내 참 창피해서 원……"

하루가 멀다 하고 큰소리가 났다. 부부싸움은 계속되었고, 이 모든 일이 못난 자신 때문이라고 자책하며 괴로워하던 윤식이의 방황도 계속되었다.

아무리 노력해도 충족시킬 수 없는 기대, 노력을 멈추는 아이들

"아빠는 제가 창피하대요. 공부 못하는 아들이 쪽팔리다는 거지요."
윤식이는 아버지에 대해서만 말하고 있었다.
"윤식이는 아버지와 다시 잘 지내고 싶어하는 것 같아. 아버지와의 좋은 추억이 많아 보이는데, 예전의 아버지는 어땠는지 좀 들려줄래?"
"……"
아이는 잠시 눈을 감았다.
"예전의 아빠는 나를 보고 많이 웃었어요."
그리고 피식 웃었다.
"지금은 인상부터 쓰니까 마주보기 싫어요. 나 때문에 엄마하고도 매일 싸우고요. 엄마도 나만 보면 못살겠다고 해요."
"속상했겠구나."
"우리집이…… 나 때문에 엉망이 되어버렸어요."

윤식이는 자신으로 인해 아버지와의 관계도, 가족 간의 화목도 깨져버렸다고 자책하고 있었다. 모든 문제를 자기 탓으로 돌리는 아이는 의기소침했고 자신감을 상실한 상태였다.

아버지도 괴롭기는 마찬가지였다.

"이 세상에 자식이라고는 딸랑 저 하나 있는데…… 원수가 따로 없어요. 이제 공부는 문제도 아니에요. 저러다 사람 구실이나 제대로 하려는지……"

긴 한숨을 내쉬는 그의 눈가가 촉촉해졌다.

부모는 자식이 보다 나은 삶을 살아가기를 간절히 바라서 공부를 잘해야 한다고 강조한다. 때로는 자녀를 향한 부모의 구체적인 관심과 격려와 칭찬이 자녀에게 큰 힘이 되기도 한다. 그래서 열심히 노력하게 되고 좀더 향상된 결과를 얻을 수도 있다.

그러나 지나친 기대를 받는 아이는 초반에 기가 질려 일찍부터 좌절하고 포기하는 경우가 많다. 아무리 노력해도 부모의 기대에 부응할 수 없다고 생각하기 때문에 어떤 노력도 하지 않게 된다. 어차피 달성할 수 없는 목표라고 생각하는 순간, 노력을 멈춰버린다. 그렇게 아이는 점점 무력감에 빠져든다.

학습과 관련된 목표를 상실한 아이들은 다른 도피처를 찾게 된다. 게임에 중독되거나 또래와 어울려 비행을 일삼기도 한다. 때로는 무기력해져 혼자 방에만 틀어박혀 있거나 오랜 시간 잠만 자기도 한다.

공부에 대한 의지가 꺾이는 순간, 삶에 대한 의지도 사라지고 마는 것이다.

결핍이 중독을 낳는다_ 게임중독에 빠진 아이들에게서 컴퓨터를 빼앗으면 게임을 멈출 수 있을까? 도움이 전혀 안 되지는 않을 것이다. 그러나 근본적인 대책이 될 수는 없다. 집에서 못 하게 하면 게임방으로 가고, 게임방에 못 가게 하려고 용돈을 안 주면 돈을 훔쳐서라도 간다. 그렇다면 근본적인 대책은 무엇이란 말인가? 게임에 빠질 수밖에 없게 만든, 회피하고 싶은 현실 문제를 정확히 파악해야 한다. 회피하고 싶은 현실은 개인의 상황에 따라 다양할 수 있다. 그런데 그것이 어떤 상황이든 아이가 좌절과 외로움을 경험했다는 공통점이 있다. 아무리 노력해도 이룰 수 없는 목표 앞에서 좌절감의 경험이 쌓이면 자괴감에 빠져 초라해진 자신을 숨길 곳을 찾게 된다.

잘 모르겠어요,
잘 모르겠어요, 잘 모르겠어요

학교에만 가면 마네킹이 되는 아이

　학교에만 가면 윤희는 마네킹이 됐다. 누구에게도 자기 생각을 말하지 않았고 늘 제자리에 가만히 앉아 있었다. 중학생이 된 후 1년 반이 지나도록 7교시 내내 그렇게 앉아만 있었다. 영어, 수학은 수준별 수업을 진행하지만 수업내용을 제대로 이해할 수 없었다. 가만히 앉아 있는 것, 그것이 학교생활의 전부였다. 점심시간에도 자리에 앉아 있었다. 학교 식당으로 점심을 먹으러 가야 했지만 함께 갈 친구가 없는 윤희는 식사를 걸렀다. 그렇지만 윤희가 점심을 먹지 않고 혼자 교실에 남아 있다는 사실을 아는 친구는 아무도 없었다.
　학급 친구들은 '윤희가 말을 못하는 아이다' '아니다'로 나뉘어 내기를 벌이기도 했다. 확인해보겠다며 말을 걸었지만 대답이 없자 드러내놓고 윤희를 괴롭히기 시작했다. 아프면 말할지도 모른다며 꼬집고 때리는 친구도 있었다. 그래도 가만히 있자 "진짜 벙어리잖아!" 하고 소리치는 친구도 있었다. 교실 뒤에서는 윤희의 이름을 거론하며 쑥덕거림이 끊이지 않았다.

힘든 학교생활은 초등학교 5학년부터 시작되었다. 이해가 전혀 안 되는 수업시간을 하루에도 몇 시간씩 견뎌야 했다. 아무 생각 없이 앉아 있어야 그나마 견딜 수 있었다. 생각하지 않고 그냥 교실에 앉아 있는 연습을 3년이 넘도록 했다. 윤희는 그렇게 멍하게 지내는 생활에 익숙해지고 있었다.

담임선생님에게 상담을 권유받은 부모님은 잠시 망설였다고 했다. 어릴 때 인지발달을 위한 치료를 받았지만 별로 효과가 없어서 체념했다고 했다. 그러나 중학생이 된 후 더욱 말이 없어지고 표정이 어두워진 딸이 염려돼 지푸라기라도 잡는 심정으로 상담실을 찾았다.

명령하는 부모가
생각 없는 아이를 만든다

상담실에 들어온 윤희와 어머니는 다정한 모녀와는 아주 거리가 먼 모습이었다. 낯선 곳에 상담을 받으러 온 불안한 딸을 염려하며 배려하는 엄마도, 엄마에게 의지하며 두려움을 달래려는 딸도 없었다. 두 사람 다 표정 없는 얼굴로 의자에 앉아 있었다. 윤희는 나를 제대로 바라보지도 않았다.

"안녕하세요? 어서 오세요."

웃으면서 첫인사를 건넸다.

"네. 안녕하세요. 애가 정말!"

인사를 건넨 어머니가 아무런 말도 없는 윤희를 팔꿈치로 쿡 찌르며 인사하라는 고갯짓을 했다. 그래도 딸이 반응하지 않자 화난 표정으로 답답한 마음을 쏟아내기 시작했다.

"애가 이래요. 창피해서 같이 다닐 수가 없어요. 말을 못 하는 것도 아니고, 정말 왜 이러는지……"

어머니는 옆에 있는 딸은 신경도 쓰지 않고 불만을 토로했다. 아무래도 아이에게 안 좋은 영향을 끼칠 듯해, 어머니의 거침없는 말을 멈추게 하고 윤희에게 대기실에서 잠시 기다려달라고 부탁했다. 그리고 자기표현을 하지 못하는 딸이 답답하고 화까지 난다는 윤희 어머니의 긴 하소연을 들어야 했다. 윤희와의 상담은 한참 후에야 시작되었다.

"윤희야! 더운데 오느라 힘들었겠다. 괜찮아?"

"잘 모르겠어요."

"기분은 어때?"

"잘 모르겠어요."

"여기가 어딘지 알아?"

"잘 모르겠어요."

상담이 시작되고 마주앉은 윤희는 어떤 질문에도 똑같은 대답만 했다. 자기 생각을 묻는 간단한 질문에도 '잘 모르겠다'는 대답만 반복했다.

상담실에서는 윤희처럼 자기 생각을 물어보는 질문에 답을 못 하는 청소년들을 자주 만난다. 그런데 자신의 생각을 잘 표현하지 못하는 청소년에게는 공통점이 있다. 어릴 때부터 부모가 자녀의 생각을 물어봐주고 이야기에 귀기울여주지 않았다는 사실이다. 자녀의 의사는 묻지도 않고 부모의 판단대로 명령하며 양육했거나, 자녀의 생각을 물어보긴 하지만 부모가 바라는 대답이 아니면 무시하거나 비난했던 경우다. 이런 환경에서 자란 아이들은 자기 생각에 대해 점점 관심을 갖지 않게 된다. 그리고 세월이 좀더 흐르면 '생각하기' 자체를 멈춘다. 나중에는 생각하려 해도 생각할 수 없는 상황이 벌어지는 것이다.

윤희는 가족과도 대화를 하지 않고 지냈다. 때가 되면 방에서 나와 말없이 식사만 했고, 식사가 끝나면 다시 자기 방으로 들어갈 뿐이었다. 또래가 열광하는 아이돌한테도 관심이 없었고 드라마도 보지 않았다. 더더구나 책을 보는 일도 없었다. 그냥 방에서 멍하니 시간을 보냈다. 아무것도 하지 않고, 아무 생각도 없이.

시작은 몇 년 전이었다. 초등학교 고학년이 되어 학습진도를 따라가기 힘들어지면서 윤희는 학교에서도 집에서도 말수가 줄었다. 질문을 해도 시원하게 대답하지 못하는 딸이 답답해서 부모는 일방적으로 명령하기 시작했다. 모든 판단을 부모가 대신하고 아이에겐 무조건 그 지시를 따르도록 했다. 그럴수록 윤희는 점점 더 수동적인 아이로 성장할 수밖에 없었다.

부모의 마음 밑바닥엔 '네가 무슨 현명한 생각을 할 수 있겠니?'라는 불신이 자리잡고 있는 경우가 많다. 아이는 아직 모르는 것이 많으니 세상을 좀더 살아본 자신들의 결정이 옳다고 여긴다. 그런데 이 경우 더욱 위험한 일은, 아이가 그러한 부모의 생각에 동의하며 자신의 생각이 무엇인지에 대해서는 전혀 관심을 가지지 않게 되는 상황이다. 그럼 부모는 아이가 생각을 제대로 표현하지 못한다며 답답해한다. 생각을 못 하게 만들어놓고, 생각이 없다며 화를 내는 셈이다. 적반하장이랄까.

아이는 점점 더 '생각하기'와 멀어지고, 생각하지 않는 아이의 눈은 초점을 잃게 된다. 누가 봐도 멍한 아이라고 느껴지면 학교에서도 또래와 즐겁게 어울릴 수 없다. 활기 없는 아이를 좋아할 아이는 없기 때문이다.

윤희는 스스로 무언가 선택해야 하는 상황이 되면 늘 힘들어했다. 좋아하는 게임을 골라보라고 해도, 순서를 정하라고 해도 같은 말만 반복했다.

"저는 상관없어요." "저는 괜찮아요."

그리고 내가 권하는 게임을 숙제하듯 표정 없이 함께했다. 윤희는 언제나 순응했다. 늘 하자는 대로 따랐다. 어른들이 가장 두려워하는 중2 아이들 특유의 반항은 찾아볼 수가 없었다. 즐겁게 참여하는 것도 아닌데 전혀 거부하지 않고 그저 하자는 대로 응했다. 자연스럽지 않았다. 아니, 아주 부자연스러웠다. 아이는 제 나이답게 행동하는 것이 가장 자연스럽다.

윤희는 집에서는 부모가 하라는 대로, 상담실에서는 상담사가 하자는 대로 했다. 학교에 가면 자기 자리에 앉아 좀처럼 움직이지 않는 마네킹이 되었다. 세상과 소통하려는 의지가 전혀 없어 보였다. 세상에서 일어나고 있는 많은 일들이 윤희와는 아무 상관없는 일이었다. 자기 자신에 대한 흥미를 잃은 아이는 타인과 세상에도 무관심해지는 법이다.

소통하려는 욕구가 없는 아이, '들어주기'보다 '보여주기'

소통하려는 욕구가 전혀 없는 아이들에게는 충격요법이 효과적일 수 있다. 세상 밖으로 한발만 내디디면 신기하고 재미난 일이 많다는 사실을 알려줘야 한다. 무인도에 갇혀 아무하고도 소통하지 않고 살다 보면 그날이 늘 그날 같기만 하다. 그러나 우리가 살고 있는 이 땅 위에 얼마나 다양한 일들이 일어나는지 알면 상황은 달라질 수도 있다. 매일매일이 새롭게 느껴지면 활기를 찾을 수 있다.

윤희를 세상 밖으로 나오게 한 길라잡이는 바로 신문이었다. 전 세계에서 순간순간 얼마나 엄청난 일들이 발생하는지 알게 되면 분명 윤희가 달라질 거라 믿었다. 그러나 윤희는 활자로 된 어떤 것도 읽으려 하지 않는다고 어머니가 귀띔했다. 그래서 그림이나 사진으로 세상과의 소통을 시도했다. 다행히 신문에는 글자뿐 아니라 멋진 그림과 다양한 사진도 실려 있었다.

윤희를 만났던 그해 여름에는 유난히 수입과일 사진이 실린 광고가 많았다. 대형마트마다 경쟁적으로 전면광고를 했다. 마침 체리광고가 신문에 크게 실린 날이었다.

"윤희 과일 좋아하니?"

"네."

"어떤 과일 좋아해?"

"다 좋아요."

"체리 좋아하니?"

"좋아하는데 비싸서……"

"체리가 옛날처럼 비싸지 않대! 신문에 났어!"

"그런 것도 신문에 나와요?"

일단 윤희의 관심을 끄는 데 성공했다. 윤희는 웬만한 일에 놀라는 표정을 짓는 일이 없는 아이였다. 그런데 신문에 자신이 좋아하는 체리에 관한 이야기가 있다고 하자 호기심을 보이기 시작했다.

"짜잔!"

신문의 광고면을 펼쳐서 보여주었다. 이마트와 롯데마트가 싸게 구입 가능한 행사 상품들을 사진과 함께 광고하고 있었다.

"체리를 사러 어느 마트로 가야 할까? 어디가 더 쌀까?"

"그걸 어떻게 알아요?"

아이의 눈이 반짝였다.

"두 마트의 체리 500그램 가격을 비교해보면 되지."

"우와! 신기하다. 이런 것도 신문에 나오네요."

"신문에는 우리가 사는 세상에서 일어나는 다양한 일들이 다 나와. 우리나라뿐 아니라 외국에서 일어나는 일도 알 수 있어."

"아! 정말요?"

"신문을 한번 넘겨봐. 아름다운 경치를 찍어놓은 사진도 있어."

우리는 사진과 그림을 함께 보았다. 아름다운 장면에 감탄하는 나를 보며 아이는 어색한 표정을 지었다. 윤희는 아직 다양한 표정을 짓지 못한다. 특히 소리내어 웃거나 감탄하는 일은 전혀 없다. 입가에 살짝 미소를 띤 지도 얼마 되지 않았다. 그러던 윤희가 호기심을 나타내기 시작했다. 엄청난 변화를 직감할 수 있었다.

'말없는 아이'는 '생각 없는 아이'일 수 있다

여름휴가를 다녀온 윤희는 '여름휴가에 지친 피부관리'라는 신문기사에 관심을 나타냈다.

"감자나 오이로도 마사지를 할 수 있네요?"

윤희는 신문을 통해 관심의 분야가 넓어졌다. 제법 긴 기사도 부담 없이 읽고 그 내용을 이해할 수 있었다. 그래서 신문은 집에서 읽어오기로 했다. 일주일 동안 신문을 읽고 관심이 있었던 기사를 노트에 붙여서 오게 했다. 세상에서 일어나는 여러 가지 일에 관심을 가지면서 질문이 많아졌다. 그리고 자신의 생각을 조금씩 표현하기 시작했다. 기사를 선택한 이유를 물어봐도 "그냥……"이 아니라 "정말 아름다워서요. 다음에 한번 가보고 싶어서요"라며 자신의 생각을 정확하게 표현했다.

왕따를 당하고 자살한 대구의 중학생에 관한 기사를 보면서는 나와 논쟁할 정도가 되었다. 윤희는 내 의견에 강하게 반발하며 왕따를 당한 자신의 아픔을 드러냈다.

"학교폭력과 왕따가 사라질 수는 없을까?"

안타까운 마음에 내가 혼잣말처럼 중얼거렸다.

"절대 없어요. 그런 일은."

윤희가 단호하게 말했다.

"방관자들이 태도를 바꾸면 어떻게 될까?"

"절대로 그런 일은 없어요. 방관자들은 절대 바뀌지 않아요. 그런 일은 절대 없어요."

화난 목소리였다. 예전의 윤희는 왕따를 당하면서도 자신의 괴로움을 전혀 호소하지 않았다. 화를 내지도 않았고 어른들에게 도움을 요청하지도 않았다. 그렇게 참기만 했던 윤희가 왕따당하는 다른 친구의 소식에 화를 냈다.

"친구들이 힘들게 할 때 도와주는 친구는 단 한 명도 없었어요. 친구들은 절대 나서주지 않아요. 혼자 견뎌야 해요."

윤희가 신문을 통해 세상을 조금씩 알아가던 그해 가을 참 많은 사건들이 있었다. 제주 올레길에 새로운 코스가 열렸다는 안내 기사가 나온 후 일주일 만에 바로 그곳에서 살인사건이 일어났다. 인류 최초로 달에 착륙했던 우주비행사 닐 암스트롱이 세상을 떠났고, '묻지 마 살인사건'이 발생했다. 윤희는 조금씩 실감하고 있었다. 세상에서 일어나는 일이 자신과 전혀 무관하지 않다는 사실을.

자기 의사를 표현 못 하는 아이들은 자신의 생각이 무엇인지 모르는 경우가 많다. 그러므로 자신의 생각을 들여다보고 이를 표현하려는 연습이 필요하다. '생각하기'를 어려워하는 아이들은 일찍부터 명령이나 지시에 익숙해진 경우가 대부분이다. 자신의 생각을 물어봐주고 반영해주는 사람이 없으면 점점 생각하지 않는 아이로 자라게 되는 것이다.

아이가 입을 다문 채 말을 하지 않을 때, 좀처럼 무슨 생각을 하는 건지 알 수 없어 답답할 수 있다. 그런데 '말'이 없는 것은 '생각'이 없다는 방증일 수 있다. 본인조차 자기의 생각을 모르는 경우다. 표현할 생각이 없으니 입을 열지 않는 것이다. 즉, 대신 생각해주는 부모가 생각할 수 없고 말할 줄 모르는 아이를 만드는 셈이다.

자기에 대한 관심이
타인에 대한 관심으로 이어진다

윤희는 신문을 읽으며 세상과 소통하는 연습을 했다. 그와 동시에 언어 이해력을 높일 수 있는 다양한 글도 함께 읽었다. 동화에서부터 설명문, 논설문까지 다양한 장르의 글을 읽었다. 특히 설명문을 읽으면서 자기가 몰랐던 사실들을 많이 알게 되었다며 좋아했다. 그러면서 어휘력도 조금씩 늘어났고 표현력도 향상되었다.

가장 큰 변화는 자신의 생각을 말하기 시작했다는 것이다. 그리고 자신과 다른 생활을 하는 사람들에 대해 궁금해하기 시작했다. 조금씩 세상에 대해 알아가고 싶어했고 다른 사람과 소통하고 싶어했다. 그런데 아직은 자신이 없다고 했다. 세상 속에서 잘 지낼 수 있는 날이 오겠냐며 되묻기도 했다.

아직 윤희가 갈 길은 멀다. 세상과 소통하는 방법도 서툴고, 친구들과 함께 하는 즐거움이 무엇인지도 잘 모른다. 그러나 이제 시작이다. 자기 생각을 들여다보게 된 아이는 타인의 생각도 궁금해지기 마련이다. 그렇게 관심을 갖다보면 조금씩 다가가는 법도 배울 수 있으리라.

생각이 없는 아이는 없다 상대방의 물음에 자기 주관대로 의사를 밝히지 못하는 아이들은 또래로부터 무시당하거나 괴롭힘을 당하기 쉽다. 이런 아이는 언어이해력을 확인해봐야 한다. 흔히 교사가 "성적이 좀 낮긴 하지만 의사소통에는 전혀 문제가 없는데……"라고 평가하는 아이들도 직접 만나보면 또래에 비해 언어이해력이 떨어지는 경우가 많다. 그렇기 때문에 또래와 자연스럽게 대화를 나누기가 힘들다. 자녀와 대화할 때 근황만 물어보는 일상적인 수준에서 그치면 안 된다. 어떤 상황에 대한 구체적인 느낌과 생각을 물어보면서 사용하는 어휘 수준을 확인해야 한다. 중학생인데 초등학교 저학년 수준의 어휘와 문장으로 표현한다면 언어이해력을 점검해봐야 한다. 국어교과서에 나오는 지문이나 다른 책을 통해서 간단히 확인할 수 있다. 언어이해력이 또래에 비해 많이 떨어지면 친구들과 대화할 때 조금 느리게 반응하거나 이해하지 못하는 상황이 생긴다. 그래서 친구들에게 답답하다는 지적을 받는다. 그러면 더욱 위축되고 또래와의 만남을 피하게 된다. 점점 말수가 줄어들면서 고립되는 것이다.

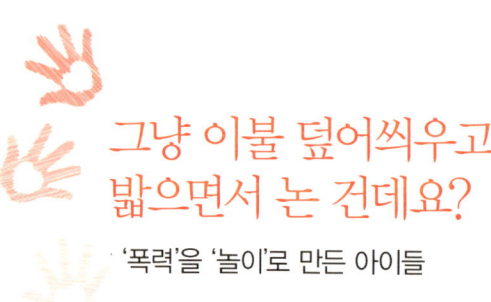

그냥 이불 덮어씌우고 밟으면서 논 건데요?
'폭력'을 '놀이'로 만든 아이들

중학교 2학년 현우는 몇 달 전 학교에서 2박 3일 수학여행을 다녀왔다. 그런데 그날 이후부터 제대로 먹지도 않았고, 잠들기도 힘들어했다. 아무하고도 말하려 들지 않았다. 길에서 우연히 교복 입은 남학생을 만나면 깜짝 놀라며 제자리에 멈춰 두 손을 만지작거리는 등 심한 불안반응을 보였다.

2개월 이상 지속되고 있는 현우의 이러한 행동특성은 흔히 '트라우마'라고 불리는 '외상후스트레스장애(Post-Traumatic Stress Disorder, PTSD)'의 증상이다. 신체적인 손상 또는 생명의 위협 같은 심적 외상을 입은 뒤에 나타난다고 알려져 있다. 한마디로 죽을 것 같은 공포를 느꼈다고 볼 수 있다. 상태가 심각해서 신경정신과 치료와 상담이 병행되었다.

고개를 숙인 채 바닥만 바라보는 아이

아이는 바닥만 바라보고 있었다. 고개를 들 힘조차 없는 건지, 세상 모든 것이 보기 싫은 건지⋯⋯ 세 차례 상담하는 동안 단 한 번도 제대로 고개를 들지 않았고 당연히 눈도 맞추지 않았다. 눈동자를 움직이거나 살짝 눈만 치켜뜨는 정도가 반응의 전부였다.

원인을 파악하기 위해 학교 담임선생님과 통화를 했다. 그러나 선생님도 연유를 알지 못했다. 답답한 마음에 학급 친구들을 만나보고 싶다는 의사를 전했다. 토요일에 열리는 '친구 사랑의 날' 행사에 와도 좋다는 허락을 받았다.

현우가 없는 교실에서 학급 친구들을 모두 만났다. 현우의 부모님과 상담사가 학급을 방문한다는 사실에 아이들은 술렁이고 있었다. 혹시 현우와 관련해서 책임 추궁을 받지는 않을까 염려하는 표정의 아이들도 보였다. 갑작스러운 어른들의 방문에 아이들은 당황하고 있었다.

불안해하는 아이들에게 먼저 현우 때문에 힘들 수도 있겠다고 말하며 혼내러 온 게 아니라는 사실을 알렸다. 그랬더니 몇몇 아이들이 불공평한 상황에 대해 설명하기 시작했다. 현우가 집단 수행평가에 제대로 참여하지 않았는데도 동일한 점수를 받고 청소시간에도 예외로 해준다는 반응이었다. 어떤 친구는 다가가려고 해도 현우가 피하는 것 같아 기분이 나빴다고도 했다.

이렇게 다들 그동안 쌓인 불평을 늘어놓고 있는데 한 여학생이 손을 들고 일어났다. 초등학교 때 현우의 모습을 기억하는 친구였다. 아이는 현우가 초등학교 때 얼마나 밝고 명랑했는지 말했다. 그런데 중학교에 들어와서 웃음이 없어졌고 수학여행을 다녀온 후 다른 아이가 되었다고 했다. 교실이 다시 웅성거리기 시작했다.

현우 아버지가 교실 앞으로 나가서 입을 열었다.

"우리 현우는 어릴 때 중이염을 앓으면서 심한 고열에 시달렸어. 그리고 초등학교 입학 당시 또래에 비해 발달이 좀 느리다는 진단을 받았지. 또래만큼 빨리 배우지 못하는 어려움이 있었지만, 그래도 밝게 잘 자라줘서 정말 고마웠단다. 덕분에 많이 웃을 수 있었고, 행복하게 지낼 수 있었어. 그런데 요즘은 아들의 웃는 모습을 볼 수가 없어서 많이 안타까워. 그래도…… 부족한 내 아들과 친구 해줘서 고맙다는 인사를 하고 싶었단다."

몇몇 아이가 고개를 떨구는 모습이 보였다. 아마도 누가 현우를 괴롭혔느냐며 화낼 줄 알았던 아버지가 오히려 고맙다고 인사하자 놀란 듯했다. 동요하는 아이들의 모습에서 뭔가 일이 있었다는 사실을 짐작할 수 있었다. 현우 아버지가 교실을 나간 뒤, 아이들과 대화를 시도했다.

"수학여행을 다녀온 후 현우는 잘 먹지도, 자지도 못 해. 누구와도 말하지 않아. 아니, 말만 안 하는 게 아니라 쳐다보지도 않아."

"……"

"고개를 숙이고 바닥만 바라보고 있어."

"……"

"너희를 혼내려는 게 아니라, 무슨 일이 있었는지 알고 싶어서 그래. 그래야 현우를 치료할 수 있거든."

이야기를 건네며 아이들을 바라보았다. 그냥 한 명 한 명을 천천히 둘러봤을 뿐, 특별히 어떤 아이를 주목해서 보지는 않았다. 그런데 갑자기 한 아이가 퉁명스럽게 말했다.

"왜 나만 쳐다봐요?"

현우를 괴롭힌 친구들 중 한 명이었다. 자기 혼자만 의심받는다는 지레짐작에 억울함을 토로한 것이다. 나와 눈을 맞추지 않으려는 아이들도 눈에 띄었다. 곧 여기저기서 여러 명이 동시에 입을 열기 시작했다.

"그냥 장난이었어요."

"나만 그런 거 아니에요. 다른 애들도 같이 그랬어요."

"아니에요. 애들이 현우한테 이불을 뒤집어씌우고 막 밟았어요."

순간 교실이 조용해졌다. 그렇게 몇 분이 흘렀다. 여학생 몇 명이 울기 시작했다. 남학생들도 고개를 숙인 채 눈물을 흘렸다. 결국 교실은 울음바다가 되었다. 지켜주지 못했다는 미안함, 장난으로 시작한 일이 커져버렸다는 두려움이 뒤섞여 아이들은 울고 있었다. 몇몇 아이가 일어나 현우 부모님께 달려갔다.

"그냥, 정말 장난이었는데, 현우가 이렇게 아파할 줄은 몰랐어요."
"죄송해요. 저희는 그냥 살짝 놀리려고 한 거예요. 진짜예요."

현우를 괴롭힌 친구들은 너무 미안해서 울었고, 아무것도 몰랐던 친구들은 현우가 너무 가여워서 울었다. 고통스러운 순간에 지켜주지 못했다는 미안함에 담임선생님도 부모님도 함께 울었다. 한참 동안 흐느끼는 소리가 멈추지 않았다.

노는 법을 모르는 아이들의 '기형적인 놀이'

학교는 오직 공부만 하는 곳이란 어른들의 가르침은 잘못된 상황을 낳곤 한다. 친구들과 어울려 건강하게 노는 법을 배우지 못한 아이들은 '기형적인 놀이'를 만들어내고 있다. 수학여행에서 여러 명의 아이들이 친구 한 명에게 이불을 뒤집어씌우고 발로 밟는 것이 놀이였다고 아이들은 말한다. 이불 속에 들어가 있는 아이가 공포를 느끼지 않고 함께 즐겼다면 놀이라고 할 수 있다. 그러나 일방적으로 발길질을 당하며 죽을지도 모른다는 두려움에 휩싸였다면 결코 놀이가 아니다. 그것은 폭력이다. 힘의 균형이 깨진 상태에서 이루어지는 놀이는 누군가에게는 즐거울 수 있지만, 또다른 아이에게는 엄청난 고통일 수도 있다.

종종 학교폭력 가해자의 부모들은 다른 아이에게 고통을 줄 의도가 없었으니 폭력이 아니라며 억울함을 호소하기도 한다. 그러나 폭력의 기준은 피해를 당한 아이들의 심리적·정서적·신체적 고통에 의해 정의된다는 사실을 꼭 숙지할 필요가 있다.

죽을 것 같은 충격과 공포를 경험한 현우는 현실세계를 벗어나고 싶어했다. 그래서 모두와 담을 쌓고 자기만의 성에 스스로를 가둔 것이다. 원인을 알았으니 현우가 빨리 일상을 편안하게 받아들일 수 있도록 도와야 했다. 우선 현우를 둘러싼 사람들과 환경이 안전하다는 믿음을 가질 수 있도록 해야 했다. 학교폭력의 정확한 원인이 밝혀졌을 때, 가장 먼저 가해자가 피해자에게 진정성이 담긴 사과를 하게 하는 것도 이러한 이유에서다. 피해자에게 더이상 위험한 상황은 생기지 않을 것이라는 강한 믿음을 주는 것이다. 가해자로부터 어떤 보복도 받지 않을 것이며 어른들이 안전하게 지켜줄 것이라고 확실하게 알려주어야 한다.

피해자가 가해자와 그들의 부모, 교사 앞에서 경험과 고통을 구체적으로 말이나 글로 표현할 수 있다면 더욱 좋다. 피해자의 구체적인 고통을 직접 듣는 과정을 통해서 가해자는 진심으로 미안한 마음을 가질 수 있다. 친구의 고통에 공감하게 해야 피해자의 상처를 치유할 진실한 사과를 할 수 있다. 가해자의 부모가 피해자와 그의 부모에게 진심을 담아 사과하는 모습을 보이는 것도 중요하다. 그런 부모의 모습을 통해 아이 스스로 잘못을 깨우칠 수 있기 때문이다. 어른들의 강요로 억지로 형식적인 사과를 해봐야 후에 더 큰 폭력으로 이어지기도 한다.

보호받지 못했다는 배신감, 마음의 벽은 그렇게 높아진다

현우는 친구들에 대한 공포가 너무 큰 상태라 얼굴을 마주 대하며 사과하는 것은 무리였다. 그래서 친구들의 마음이 담긴 카드를 현우에게 전달하기로 했다. 현우에게는 친구들이 자신을 해치지 않을 거라는 믿음이 필요했다.

"현우야, 장난으로 시작한 일이었는데, 정말 미안해!"
"현우야, 많이 무서웠지?"
"현우야, 너는 키도 크고 잘생겼어."
"현우야, 너는 웃는 모습이 정말 멋져."
"현우야, 이제 겁먹지 마. 다른 반 아이들도 너 못 건드리게 할게."
"현우야, 다시 웃는 모습을 보여줘."

현우를 생각하며 아이들은 카드를 쓰기 시작했다. 미안한 마음도 담았다. 그리고 현우가 얼마나 멋진 친구인지 알려주려고 애썼다. 가끔씩 재미로 툭툭 건드렸던, 별로 존재감 없던 반 친구의 아픔을 모두가 공감하게 된 것이다. 비로소 현우가 학급의 구성원으로 받아들여지게 되었다. 이제 현우는 친구들의 친구가 된 것이다. 아이들은 현우와 친하게 지내겠다고 다짐했고, 다른 반 아이들로부터 지켜주겠다고 약속했다. 학급 전체가 현우의 안전한 학교생활의 지킴이가 되겠다고 결심한 것이다.

그후 상담실에 온 현우에게 친구들의 카드를 보여주었다. 현우는 같은 초등학교를 나온 여자 친구의 카드가 가장 마음에 든다고 했다. 친구들의 카드가 많으니 천천히 읽어도 된다고 하자 입가에 미소를 띠며 말없이 가져가 하나씩 읽어나갔다. 현우의 얼굴 표정이 점점 편안해졌다. 학급 친구들에 대한 두려움이 많이 사라진 것처럼 보였다.

그러나 어른들에게는 아직도 해야 할 일이 남아 있었다. 담임선생님과 부모님께 현우를 지켜주지 못한 사실에 대한 진심 어린 사과를 부탁했다. 수학여행에 동행했던 선생님도, 집에 있어 함께할 수 없었던 부모님도 지켜주지 못해서 미안하다고 현우에게 사과할 필요가 있었다. 아이들은 힘든 상황이 생기면 언제나 어른들, 특히 보호자가 자신을 지켜줄 것이라고 믿는다. 그런데 그 믿음이 부서지면 엄청난 배신감과 상실감을 느낀다. 그리고 더이상 아무도 믿으려 하지 않는다. 그렇기에 지켜주지 못해 미안하다는 사과와 아이가 겪은 아픔이 얼마나 컸을지 충분히 공감해주는 일종의 통과의례가 필요했다.

부모님도 선생님도 흔쾌히 응해주었다. 선생님과 부모님의 도움으로 현우의 상처를 조금은 어루만져줄 수 있는 기회를 가졌다. 어른들이 사과를 전한 후 작은 케이크에 촛불을 켰다. 현우가 다시 웃음을 찾길 바라는 마음을 모아 다들 박수를 치고 촛불을 불어 껐다.

몸을 움직이면, 마음도 움직인다

실제로 현우의 학교생활에는 큰 변화가 생겼다. 학급 친구들이 현우에게 살갑게 말을 걸기 시작했고 다른 반 친구들이 현우를 괴롭히지는 않는지 감시까지 한다고 들었다. 예전에는 쉬는 시간이면 현우는 친구들을 피해 복도에 나가서 고개를 숙이고 서 있곤 했다. 그럴 때면 지나가던 친구들이 현우 옆에 서서 똑같이 흉내를 내거나 팔을 잡아끌곤 했다. 그러나 이제는 친구들이 두렵지 않으니 교실 밖에서 서성일 필요가 없다. 교실 밖에 있어도 친구들이 보호해주니 다른 반 아이들로부터 괴롭힘을 당하는 일도 없어졌다. 현우는 친구들의 배려로 조금씩 학교생활에 재미를 붙여갔다.

학교생활이 편안해지자 입술을 움직이며 물음에 반응하기 시작했다. 그러나 여전히 온몸에 힘이 없었고 고개를 들어 눈 맞추기를 힘들어했다. 혼자서는 극복할 수 없는 심한 충격을 받으면 많은 이들이 우울감에 빠진다. 우울해지면 누구나 무기력할 수밖에 없다. 무기력한 상태에서 벗어날 수 있도록 에너지를 충전하는 것이 최선이다. 그러나 무기력한 아이들에게 에너지를 불어넣는 일은 말처럼 그리 쉽지 않다. 이런 아이들에게는 즐거움을 경험할 수 있는 다양한 기회가 필요하다. 그중에서도 신체를 움직이는 활동이 에너지 충전에 효과가 있다.

현우에게도 즐거운 신체놀이를 제안했다. 가장 먼저 하이파이브를 하자며 손을 내밀자 현우는 자신의 손을 갖다 댔다. 손을 위아래, 좌우로 움직이자 고개를 조금 들어 정확한 위치에 손을 마주댔다. 마주서서 손바닥 밀기를 하자고 했을 때도 의자에서 일어나 마주섰고, 마주댄 손에는 조금씩 힘이 들어갔다. 분명 현우의 몸에 에너지가 충전되고 있었다.

제시하는 그림이나 사물을 보기 위해 고개를 들어 시야를 넓히기도 했고, 바닥으로 굴러오는 공을 잡기 위해 고개를 돌리기도 했다. 무기력한 아이들은 보통 시선을 한곳에 고정하므로 목표를 따라 자유롭게 시선을 돌리기가 쉽지 않다. 따라서 시야가 좁은 경우가 많다. 그러므로 신체의 움직임과 함께 시선 이동하는 법을 배우도록 해야 한다. 시야가 넓어져야 더 많은 것에 관심을 가질 수 있다.

현우는 금속성인 작은 알갱이가 들어 있어 흔들면 소리가 나는 과일 모양의 셰이커와 북, 그리고 기타 등의 악기 연주에 맞춰 몸을 움직이며 흥겨워하기도 했다. 〈작은 별〉이라는 노래를 불러주자 잘 듣고 있다가 가사 중 몇 단어를 따라 부르기도 했다. 이렇게 신체놀이를 시작하자 새벽까지 잠들지 못해 거실을 왔다갔다하는 일도 없어졌다.

12시 전에는 잠이 들었다. 밥을 입에 물고만 있고 제대로 씹지 않아 가족을 안타깝게 하는 일도 없어졌다.

현우가 친한 사람들의 말에 고개 들어 반응하고 미소도 짓기 시작하면서 우리는 큰 기대를 했다. 현우가 곧 수학여행 이전의 모습으로 돌아갈 것이라고 믿었다. 그러나 바람은 쉽게 이루어지지 않았다. 여름에 만난 현우는 가을이 지나도 말을 하지 않았다. 상담실에 와서 보드게임도 하고, 공놀이도 즐겁게 하는데 말을 하지는 않았다. 어떤 날은 허밍으로만 의사를 표현하고, 목소리를 듣고 싶다고 부탁하는 나에게 묘한 미소를 짓기도 했다. 필담으로 이야기를 나누면서 가을을 보냈고, 겨울을 맞이했다. 계절이 바뀌고 또 바뀌었다. 표정도 밝아졌고 몸에 힘도 많이 생겼지만 현우는 여전히 말을 하지 않았다.

현우는 원래 좋아하는 노래를 잘 흥얼거렸다. 그래서 언어훈련의 일환으로 함께 노래를 부르기로 했다. 그해 겨울에는 〈시크릿 가든〉이라는 드라마와 관련된 모든 것이 화제였다. 남자 주인공 역을 맡았던 배우가 입대를 했고, 그가 부른 주제곡이 인기 절정이었다. 우리도 겨우내 컴퓨터 앞에 서서 〈시크릿 가든〉의 주제곡 〈그 남자〉를 불렀다. 노래를 부르면서 현우는 조금씩 입을 열어 소리를 내기 시작했다. 처음에 부를 때는 웃으며 듣고만 있더니 연습이 반복될수록 한 단어가 두 단어로 늘어났고, 발음이 명료하지는 않았지만 문장으로도 노래하기 시작했다. 즐거운 표정으로 열심히 노래하는 현우를 보며 곧 말할 수 있겠다는 희망을 품었다. 그러나 현우는 아직 수학여행 전의 밝은 모습을 보여주지는 않았다. 아마도 안타까운 기다림이 더 필요할 것 같다.

아이는 괴롭힌 친구보다 지켜주지 않은 부모를 원망한다_ 친구들에게 괴롭힘을 당한 아이가 마음의 문을 닫아버릴 때, 부모는 모든 원인이 괴롭힌 친구에게 있다고 생각한다. 하지만 아이가 원망하고 분노하는 대상은 친구보다 부모인 경우가 많다. 아이에게 부모는 가장 신뢰하는 울타리이자 기댈 수 있는 버팀목이다. 그런데 자신이 위험에 처했는데도 부모는 아무런 도움도 되지 못했다. 아이는 누구도 믿을 수 없다는 절망감에 빠지고, 누구에게도 마음을 열려 하지 않는다.

그러므로 아이가 학교에서 괴롭힘을 당한다는 사실을 알았을 땐, 그 무엇보다 부모의 사과가 우선이다. "그렇게 힘든 일이 있었는데 엄마가 몰랐구나. 같이 있어주지 못해, 지켜주지 못해 미안해" 하고 다독여주는 과정이 필요하다. 그래야만 흔들린 신뢰를 회복하면서 아이의 마음을 다시 열 수 있다.

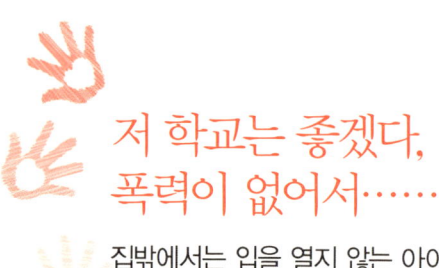

저 학교는 좋겠다, 폭력이 없어서……
집밖에서는 입을 열지 않는 아이

"저 학교는 좋겠다. 폭력이 없어서……"

엄마와 함께 버스를 타고 가다가 '폭력 없는 학교'라는 플래카드를 본 준영이가 조용히 혼잣말을 했다.

준영이 엄마는 초등학교 3학년인 아들이 집밖에서나 낯선 사람이 있는 곳에서는 전혀 말을 하지 않아도 내성적인 성격 때문이라고만 생각했다. 전혀 눈치채지 못했다. 착한 아들이 친구들에게 그토록 심한 괴롭힘을 당하고 있으리라고는 상상도 못 했다.

하지만 준영이는 고통받고 있었다. 친구들 사이에서 말과 행동이 느리고 공부도 못하는 아이로 인식되면서 친구 몇 명이 '바보'라고 놀리기 시작했다. 쉬는 시간이면 일부러 준영이 책상 근처로 다가와서 부딪힌 척하며 어깨를 치고 지나갔다. 자리에 앉아 있으면 등을 때리고 가기도 했고 가방을 발로 차기도 했다. 특히 학급에서 수시로 친구들에게 힘자랑을 하는 한 아이가 이유 없이 욕하며 때렸다.

"준영이는 매일 맞아요."

많은 친구들이 그렇게 말했다. 처음에는 마음이 불편했던 아이들도 시간이 지나면서 준영이가 맞는 것을 일상으로 여기게 되었다. 같은 반 친구가 일방적으로 괴롭힘을 당하는데도 모두 침묵했다. 괴롭히는 친구와 모른 척 무시하는 친구들 사이에서 준영이는 혼자 힘든 시간을 견디고 있었다. 아무에게도 도움을 요청하지 않았다. 그렇게 시간이 흐를수록 때리는 아이들도 맞는 준영이도 점점 익숙해져가고 있었다.

침묵과 외면, 또다른 형태의 폭력

친구들끼리 욕을 할 수도 싸울 수도 있다. 힘의 균형을 이룬 또래끼리라면 이런 일들은 성장하는 과정에서 자연스럽게 일어날 수 있다. 그러나 힘의 균형이 깨진 상태에서의 일방적인 욕설과 구타는 폭력이다. 그들이 비록 같은 교실에서 함께 공부하는 친구라고 할지라도 말이다. 더 큰 문제는 매일 폭력이 일어나도 누구 하나 나서서 말리지 않았다는 점이다. 약한 친구를 때리다니 얼마나 비겁한 짓이냐며 용기 있게 멈출 것을 요청하는 아이는 감히 기대할 수 없었다. 자신이 또다른 피해자가 될 수도 있다는 생각에 아이들은 몸을 사렸다. 어른들에게 도움을 요청하려는 시도도 하지 않았다. 고자질쟁이라고 손가락질받을까 두려웠기 때문이다.

아이들은 친구가 폭력을 당하는 상황에서도 자기 할 일만 하며 철저히 방관자로 살아간다. 어쩌면 우리가 자초한 일인지도 모른다.

"너는 네 할 일만 해. 괜히 다른 데 정신 팔지 말고."

"위험한 상황엔 절대 끼지 마. 큰일날 수도 있어."

아이를 위한다면서 해준 이런 말들이 아이가 친구의 고통에 눈감게 만들어버린 것인지도 모른다. 하지만 반대로 내 아이가 괴롭힘을 당하는 처지에 놓여 있다면 어떻겠는가. 그때도 자신의 안전과 안위를 위해 모른 척하는 다른 아이들을 이해할 수 있을까.

학교폭력을 해결하는 과정에서 방관자인 친구도 벌을 받는 사례가 점차 늘어나고 있다. 내 자녀가 직접 폭력을 가하지 않았다 해도 학교폭력의 가해자가 될 수 있다는 뜻이다. 침묵과 외면은 또다른 형태의 폭력임을 아이는 물론, 어른도 분명히 알아야 한다.

상담실에서 처음 만난 준영이는 눈치만 보는 주눅든 아이였다. 엄마와 나를 번갈아 보면서 안절부절못했다. 인사를 하며 손을 내밀자 준영이는 더욱 긴장했다.

"언제부턴가 집밖에서는 아무하고도 말하지 않아요. 그저 멍하니 눈치만 살펴요."

긴 한숨과 함께 어머니의 목소리가 가늘게 떨렸다.

초등학교 3~4학년 정도가 되면 신체적인 변화가 일어나기 시작한다. 특히 남자아이들은 키가 크면서 힘도 세진다. 힘센 것에 우월감을 가지면서 약한 아이들을 놀리거나 때리는 일이 빈번하게 발생한다. 학교폭력은 이 시기부터 본격적으로 나타난다. 그러므로 자의식이 성장하여 누군가로부터 인정받고 싶은 욕구가 커지는 이 시기에는, 자녀들의 장점을 찾아내어 구체적으로 칭찬하는 과정이 반드시 필요하다. 칭찬을 받으며 긍정적인 자의식이 강해진 아이들은 자신의 힘을 자기보다 약한 친구에게 겁을 주며 자랑하는 데 쓰기보다는 다른 사람을 배려하고 돕는 데 사용하는 아이로 더욱 멋지게 성장할 수 있다.

운동을 통해 긍정적으로 힘을 발산하는 출구를 열어주는 것도 중요하다. 요즘 아이들은 집, 학교, 학원을 오가는 것이 움직임의 전부인 경우가 많다. 스트레스를 제대로 발산하지 못하면 힘없는 아이를 괴롭히는 그릇된 방법으로 스트레스를 분출할 수도 있다. 준영이는 다른 사람을 겁주고 괴롭히며 힘자랑하는 것으로 스트레스를 푸는 친구의 희생양이 되었다. 이유 없이 반복되는 폭력으로 인한 불안과 공포, 그로 인한 우울과 무기력이 준영이를 말하지 않는 아이로 만들어버렸다. 친구들과의 관계 속에서 세상과 타인에 대한 두려움은 점점 더 커져갔다.

언젠가부터 '이상한 아이'가 넘쳐나기 시작했다

수학여행지에서 친구들의 놀잇감이 되었던 현우, 이유 없이 친구들에게 맞아야 했던 준영이. 둘에게는 공통점이 하나 있다. 친구들이 '이상한 아이'라고 이름 붙였다는 사실이다. 학교폭력의 피해자가 된 대부분의 아이들에게도 동일한 이름표가 붙여진다. '이상한 아이'라는 것이다. 언제부턴가 '이상한 아이'가 넘쳐나기 시작했다.

아이들은 부모를 통해 세상을 경험하면서 다양한 것들을 배우고 익힌다. 똑같은 것을 발견하고 신기해하며 기뻐했던 아이들이, 같지 않은 것을 '다르다'고 부른다는 사실을 배운다. 그래서 아이들은 같지 않은 것을 '다르다'고 하며 관심을 가지고 지켜본다.

그런데 아이들이 조금 더 성장하면서 '다르다'는 말이 '이상하다'로 대체되기 시작한다. 부모와 교사, 곧 어른들의 기준에 따라 세상에는 갑자기 '이상한 아이들'이 넘쳐나게 된다. 어른들은 축구를 잘하는 아이에게 '축구를 잘하는 건강한 아이'라는 평가 대신 '공부는 안 하고 축구만 하는 이상한 아이'라는 꼬리표를 붙인다. 분홍색 옷을 입은 남자아이가 지나가면 '옷을 참 이상하게 입는 아이'라며 뒤돌아보고 혀를 찬다.

이러한 어른들의 모습을 지켜본 아이들은 '이상한 아이' 찾는 일에 관심을 쏟는다. 이상한 이유를 잘도 찾는다. 그리고 '이상한 아이'니까, 다른 친구들도 그렇게 하니까 죄의식 없이 재미를 위한 놀잇감이

나 화풀이 대상으로 그들을 대한다. '다름'은 '틀리고 이상한 것'이라고 당당하게 말하면서 말이다.

때린 아이도 맞은 아이도 결국은 모두 피해자다_ 흔히 친구를 때린 아이를 가해자로, 맞은 아이를 피해자로 인식한다. 하지만 때린 아이 역시 일종의 피해자다. 친구를 괴롭히는 것을 진심으로 즐겁고 신나게 느끼는 아이는 많지 않다. 마음 한편에는 두려움과 미안함이 자리한다. 하지만 스트레스 푸는 방법을 모르고, 다른 건강하고 즐거운 놀이법을 모르기에 계속할 뿐이다.

만약 자녀가 친구에게 폭력을 가했다는 사실을 알았다고 해서 무작정 혼내거나 꾸짖어서는 안 된다. 그러한 행동의 원인이 무엇인지, 혹시 자신이 받은 상처를 잘못된 방법으로 표출한 것은 아닌지 세심하게 들여다봐야 한다. 어쩌면 정말 아픈 아이는 맞은 아이가 아니라 때린 아이일지도 모른다.

아이의 별명은
'정신병자' '또라이' '바보'
조금 다르다는 이유로 따돌림당하는 아이들

도현이는 초등학생 때부터 친구들과 잘 어울려 놀지 못했다. 지나치게 어른 같은 말투를 사용했던 도현이는 친구 대신 선생님과 대화하며 지냈다. 좀 독특한 아이라는 평가를 받았지만 수학실력이 탁월해 천재라고 불리기도 했다. 친한 친구는 한 명도 없었지만 학교생활이 힘들다고 생각하지는 않았다. 담임선생님에게서 똑똑하다는 칭찬을 듣는 도현이를 이상하다고 생각하는 친구는 없었다.

그런데 중학생이 되자 상황이 좀 달라졌다. 매일 같은 교실에서 긴 시간을 함께 보내며 도현이의 말에 귀기울여주고 그의 똑똑함을 인정해줄 선생님이 없었다. 중학교의 담임선생님은 담당 교과시간이나 조·종례시간에만 얼굴을 볼 수 있었다. 초등학교 때와 달리, 도현이는 선생님과 오랜 대화를 나눌 수도 없었고 천재성을 인정받을 수도 없었다. 쉬는 시간엔 대부분 혼자 수학문제를 풀면서 지냈다. 틈만 나면 수학문제를 푸는 도현이를 친구들은 이상하다고 생각했고, 결국 '이상한 아이'라는 꼬리표를 붙여서 괴롭히기 시작했다. 대놓고 재수 없다고 말하는 친구도 있었고, 체육시간에는 배구공이나 농구공으로 일부러 맞히는 친구도 있었다.

그렇게 1년이 지나고 2학년이 되었을 때 도현이는 같은 반 여자아이를 좋아하게 되었다. 매일 밤 그 여자아이를 위한 시를 써서 다음날 친구들이 있는 자리에서 전하곤 했다. 그리고 좋아한다고 고백했다. 친구들이 다 들을 수 있도록 큰 소리로 말하기도 했고, 집에 갈 때는 같이 가자며 이름을 부르기도 했다. 그런데 그 여자아이는 짜증을 내며 욕을 퍼부었다. 심지어 도현이의 마음이 담긴 시를 담임선생님께 보여주며 도현이가 이상한 아이라고 몰아세웠다.

도현이를 향한 학급 친구들의 비난은 날로 심해졌다. 그러자 도현이는 자신의 마음을 받아주지 않는 그 여자아이가 미워지기 시작했다. 좋아한다는 마음을 표현했을 뿐인데 왜 벌레 보듯하는지 그 아이를 이해할 수 없었다. 그후 도현이는 변하기 시작했다. 학급 친구들 앞에서 공개적으로 그 여자아이를 비난했고 입에 담지도 못할 욕을 쏟아냈다. 필통에 들어 있던 칼을 꺼내서 허공에 대고 휘두르기도 했다.

"저는 이상한 게 아니라 특별한 겁니다"

"도현아, 어서 와. 만나서 반가워."

"네. 안녕하십니까? 여기가 뭐하는 곳인지를 여쭤봐도 되겠습니까? 사실 뭐하는 곳이든 상관하지 아니합니다. 어른들과 대화 나누기를 좋아하는 까닭에 그러합니다."

도현이는 첫 만남부터 낯설어하거나 긴장하지 않았다. 독특한 억양과 어른스러운 말투가 여느 중학생과 달랐다. 질문을 던져놓고 상대방의 대답을 기다리지도 않았다. 혼잣말처럼 자문자답하기도 했다. 그러고는 자신이 관심 있는 과학과 수학에 대해서 장황하게 늘어놓았다.

"도현이 무슨 책 들고 왔어?"

"수학책입니다만. 심심하면 풀어볼까 하여 가져왔습니다."

세 번의 상담 동안 도현이는 자기가 하고 싶은 이야기만 했다. 상대가 흥미를 가지는 주제인지에 대해서는 전혀 관심이 없었다. 그래도 도현이의 이야기를 경청했다. 재미있는 주제는 아니었지만 최대한 집중하며 수학문제의 풀이과정을 이해하려고 애썼다. 아무도 귀기울여 주지 않던 이야기에 관심을 보이는 사람이 나타나자 도현이도 조금씩 마음을 열기 시작했다.

"선생님, 좋아했던 사람이 있었는지 물어봐도 되겠습니까?"

네번째 상담 때 도현이가 질문을 했다. 일방적으로 좋아하는 감정을 표현하는 것이 때로는 상대방을 매우 힘들게 할 수도 있다는 사실을 알려줄 좋은 기회라는 생각이 들었다.

"많이 있었지. 중학교 때 교생실습을 나온 잘생긴 대학생 선생님도 좋아했고, 고등학교 때 영어선생님도 좋아했지. 그리고 더 많은데…… 일방적으로 짝사랑을 당해 힘든 적도 있었어."

도현이는 가만히 듣기만 했다. 다음 상담부터 도현이는 수학 이야기 대신에 자기 이야기를 꺼내기 시작했다.

"같은 반 여자아이를 좋아하게 되었습니다. 매일 밤 시를 써서 전해주었답니다. 그런데 얼마 후 담임선생님의 호출을 받고 교무실로 갔더니 글쎄 내가 쓴 시가 선생님 책상 위에 모두 놓여 있더란 말입니다. 그리고 다시는 그러면 아니 된다고 말씀하시는 겁니다. 그냥 좋아하는 마음을 담아서 글을 썼을 뿐인데 뭐가 그리 잘못되었다는 건지 도무지 이해가 되지 아니하였습니다. 그 여자아이는 내가 이름만 불러도 짜증을 냈고 쳐다보기만 해도 소리를 지르고 욕을 했습니다. 화가 아니 날 수 없었습니다. 그래서 내가 더 심하게 욕을 하기 시작했습니다. 입에 담기 힘든 욕을 매일매일 그 여자아이를 향해 퍼부었던 것입니다."

"좋아하는 감정을 표현했을 뿐인데 상대방이 지나치게 짜증을 내면 좀 당황스럽고 속상할 수도 있었겠다."

"네. 화를 아니 낼 수 없었습니다."

"그런데 일방적으로 너무 적극적인 표현을 하는 친구가 부담스럽고 싫을 수도 있겠다고 생각해본 적은 없었어?"

"좋아한다고 표현했을 뿐인데 짜증을 내고 욕을 하는 건 이해가 아니 됩니다."

"도현이가 교실에서 허공에 대고 칼을 휘두른 것도 그 아이를 향한 화난 감정의 표현이라고 볼 수 있어?"

"꼭 그렇지는 아니합니다. 요즘 잠을 통 못 자서인지 누가 자꾸 공격해오는 것 같아서 물리치려고 그리했을 뿐입니다."

도현이는 수면에도 어려움을 보이고, 누군가가 자기를 공격하러 온다는 환시증세를 보였기 때문에 병원진료를 권유했다. 도현이는 지능과 언어 발달상태는 정상이지만, 사회적 능력에 근본적인 결함이 있어서 상호작용에 어려움이 있고, 행동·관심·활동분야가 제한적이라 반복적이고 정형화된 행동을 보이는 '아스퍼거증후군'이라는 진단을 받았다. 병원을 다녀온 도현이는 오히려 편안해 보였다.

"선생님, 다음 시간에는 아스퍼거증후군에 대해서 토론을 좀 하면 아니 될까요? 의사선생님이 추천한 『별종, 괴짜 그리고 아스퍼거증후군』이라는 책을 선생님도 꼭 읽고 오길 바랍니다."

책을 다 읽고 도현이가 다시 상담실을 찾았다.

"열세 살에 아스퍼거증후군 진단을 받은 소년이 직접 쓴 책이라 그런지 더욱 재미가 있었습니다. 나와 공통점이 참 많았습니다. 친구들과 내가 어찌 다른지에 대해서도 많이 알게 됐습니다. 그러면 이제부터 나는 어찌해야 하는지에 대해서 이야기를 나누면 아니 되겠습니까?"

"사람들은 다른 사람들과 상호작용을 하며 더불어 살아가기를 원해. 특별한 노력을 하지 않아도 자연스럽게 다른 사람들과 어울릴 수 있지. 그런데 어떤 사람은 다른 사람들과 어울려 살아가기 위해서는 좀더 특별한 노력을 필요로 하지. 다른 사람의 감정이나 생각을 알아내기가 좀 어려울 수 있거든."

"다른 사람의 생각과 감정을 꼭 읽어낼 필요가 있습니까?"

"다른 사람의 생각과 감정을 읽어내지 못하면 친숙한 관계를 맺기가 어려워."

"어찌하면 그렇게 할 수 있습니까?"

"간단하지는 않지만 하나씩 연습하면 익숙해질 수 있어. 함께 연습해볼까?"

흔쾌하게 대답하지는 않았지만 함께 연습해보기로 했다. 상대방의 감정을 알아차리기 위해 감정과 관련된 단어들을 익혔고, 그 감정 단어들을 사용하여 도현이의 경험을 말해보기도 했다. 그리고 친구들은 자연스럽게 알고 있지만 도현이는 잘 모르는 여러 가지에 대해서도 알아보았다. 수업시간에 질문은 언제 어떻게 얼마나 하는 것이 적당한지에 대해서 이야기했고, 친구와 대화를 할 때는 자신의 관심주제만 장황하게 말하지 말고 상대방의 반응을 살펴야 한다고 강조했다. 친구들이 관심 있어하는 주제에 대해서도 알려주었다.

자신을 알고 나면 자신감이 생긴다

"선생님, 사람들과 어울려 산다는 건 참 힘든 일이라는 생각이 듭니다. 그렇게 힘들게 사람들과 꼭 어울려 살아야 하는 건 아니라고 생각합니다. 나는 수학문제를 풀 때가 가장 즐겁습니다. 수학을 더 잘하기 위해 나의 시간을 쓰겠습니다. 다른 사람들에게 이상하다고 비난받을 때는 화가 많이 났습니다. 그런데 병원에 가서 의사선생님을 만나고 나에 대해서 확실히 알고 나니 오히려 자신감이 생깁니다. 나는 친구들과 분명히 다릅니다. 그러니 똑같이 살려고 아니하겠습니다. 나는 내가 잘할 수 있는 분야가 분명히 있다고 생각합니다. 이제부터는 나를 자랑스럽게 생각하며 살겠습니다."

"모두 같은 방법으로 세상을 살아갈 필요는 없다고 생각해. 도현이가 행복해지기 위해 선택한 방법이라면 선생님도 존중하고 싶어. 그런데 세상은 혼자 살아갈 수 있는 곳이 아니니까 최소한의 관계 맺는 방법에 대해서는 관심을 가졌으면 좋겠어."

"내가 좋아한다고 상대방도 좋아하는 게 아니라는 사실은 분명히 알았습니다. 싫을 수도 있습니다. 그러면 화가 날 수도 있다는 생각이 듭니다. 그런데 내가 화를 내고 욕을 했습니다. 입에 담기도 힘든 욕을 말입니다."

"상대방에게 잘못했다는 생각이 들었다면 어떻게 하는 게 좋을까?"

"사과를 해야 합니다. 앞으로 다시는 괴롭히지 않겠다는 약속도 해야 합니다."

"도현이가 다른 사람의 감정에 대해서 관심을 가지고 이해하려 하는 걸 보니까 선생님 기분이 아주 좋아. 잘못한 일이라는 판단이 들었을 때 사과를 하는 건 용기 있는 행동이야. 그런데 너의 사과를 상대방이 꼭 받아주어야 한다고 생각하지는 마. 그건 상대방의 감정이고 선택이니까 존중해야 해. 그렇지만 그 친구가 너의 사과를 꼭 받아줬으면 좋겠다."

"그리했으면 좋겠습니다."

도현이는 자신이 다른 사람들과 다른 점이 있음을 받아들였다. 오히려 그것을 특별함으로 여기며 더욱 멋지게 가꾸기로 결심했다. 다른 사람들보다 암기를 잘하고 깊이 있는 수학적 사고를 할 수 있는 능력이 있음을 자랑스럽게 생각했다. 그리고 자신의 시간을 수학이라는 학문을 이해하는 데 쓰고 싶다고 했다. 세상과 소통하려는 의지가 없는 점은 안타까웠지만, 수학을 통해 자신의 존재감을 찾겠다는 도현이의 꿈도 존중돼야 한다고 생각했다.

세상의 모든 사람들이 다른 사람들과 적절한 관계를 맺으며 잘살아갈 수 있다면 그보다 좋은 일이 없을 것이다. 그러나 사람들과 소통하는 것이 너무 어려워서 관심분야의 특정 학문과 친구가 되는 경우도 있다. 누구나 똑같은 방법으로 살아가야 하는 것은 아니기 때문에 도현이의 선택을 지지하기로 했다.

도현이는 분명히 다른 아이들과 다른 점이 많은 아이다. 친구들과 어울려 놀기보다는 수학문제를 풀거나 과학책을 보는 것이 더 즐거운, 평범하지 않은 아이임이 분명하다. 그러나 놀기보다 어려운 수학문제 풀기를 더 좋아한다고 해서 '이상한 아이'라고 손가락질과 비난을 받을 이유는 없다. 하지만 지금 학교에서는 이렇게 '특별한 아이'가 '이상한 아이'라며 놀림감이 되거나 괴롭힘의 대상이 되고 있다. 이제 소개할 지후 역시 그랬다.

아이에게 돌아온 한결같은 반응 "제발 좀……!"

초등학교 5학년인 지후는 학교에 가는 게 두려웠다. 교문을 들어서면 멀리서도 지후를 알아본 친구들이 '정신병자' '또라이' '바보'라고 놀려댔다. 학급을 넘어 학년, 학교의 왕따로 소문이 났다. 지후는 전학 오기 전 학교에서도 왕따를 당했다.

새로 전학 온 학교에서도 다시 왕따가 되자 상담을 받게 되었다. 첫 상담이 이루어진 날, 지후 어머니는 서류봉투를 내밀며 눈물을 흘렸다. 그 봉투 안에는 지후에 대한 친구들의 생각이 그대로 적힌 종이가 들어 있었다. 담임선생님이 지후의 왕따 원인을 알아보기 위해 반 아이들에게 의견을 적어보게 한 것이다. 대부분의 아이들이 지후에 대해 솔직하게 표현했다. 아주 구체적인 예를 들면서 노골적으로 싫다고 한 아이도 있었다.

학급 친구들은 모두 한목소리로 '지후는 이상한 아이'라고 말했다. 아무데서나 코를 후비고, 입가에 양념을 지저분하게 묻히며 음식을 먹는 지후가 더럽다고 했다. 수업시간중에 아무때나 불쑥 질문을 하고, 지나치게 긴 대답을 해서 모두를 질리게 한다고도 했다. 친구들이 선생님 흉을 보면 바로 고자질했고, 살이 찐 친구에게 '뚱뚱하다'는 말을 여러 번 반복해서 크게 싸움이 나기도 했다. 가만있지 못하고 몸을 많이 움직이는 지후와는 아무도 짝을 하고 싶어하지 않았다. 그래서 짝 없이 혼자 앉기도 했다.

지후는 과잉행동이나 충동성 때문에 '주의력결핍과잉행동장애(ADHD)'라는 오해를 받은 적이 많았다. 그러나 진단 결과 지후는 '아스퍼거증후군'이었다.

"선생님은 우리 엄마보다 늙었어요?"

처음 만난 날 지후가 내게 던진 질문이다. 지후의 행동특성을 모르는 사람이 들었다면 조금 당황할 수 있는 질문이었다. 그러나 이 질문을 계기로 지후의 가족에 대해서 많은 정보를 들을 수 있었다. 지후는 처음 만난 내게 가족 이야기를 아무렇지도 않게 털어놓았다. 첫날은 지후를 편안하게 관찰했다.

지후는 자기의 관심분야인 역사에 대해서 장황하게 설명했다. 언제 누가 고려를 세웠고, 어떤 사건으로 고려가 망했는지 훤히 꿰고 있었다. 역사적 사건과 연도를 끝도 없이 열거했다. 상대의 반응은 아랑곳하지 않고 혼자서만 떠들었다. 지후의 이야기를 듣다보니 어느덧 정해진 상담시간이 끝났다. 시간이 얼마 남지 않았다고 말해줘도 지후는 이야기를 멈추지 않았다. 아스퍼거증후군 아이들의 전형적인 특성이었다.

사실 이전까지 지후는 친구들과 가족에게 "제발 그 입 좀 닫아줄래?"라는 말을 수없이 들어왔다. 아무도 자기 이야기에 귀기울여주지 않는다는 것을 자신도 알고 있었다. 그러나 멈출 수가 없었다. 스스로 통제가 되지 않았기 때문이다. 친구들은 아무 관심도 없어하는 역사 이야기를 지후는 쉬지 않고 늘어놓았다. 새로운 사실을 알게 될 때마다 친구들에게도 말하고 부모님에게도 말했다. 그러나 돌아오는 반응은 하나였다.

"제발 좀……!"

입장 바꿔 생각할 줄 아는 아이가 어울릴 줄 아는 아이다

상담 초기에는 지후의 이야기를 많이 들어주는 것을 목표로 했다. 지후는 자기 이야기를 재미있게 들어줄 누군가를 간절히 원하고 있었다. 매주 숨차게 상담실로 달려와서 일주일 동안 새롭게 알게 된 역사에 관한 정보를 쉴 틈 없이 쏟아냈다. 지후에게 자기 이야기를 가장 진지하게 들어주는 사람이라는 확신을 주고 충분히 신뢰감이 쌓일 때까지 한 달 이상을 기다렸다. 어느 정도 신뢰가 형성됐다는 느낌을 받은 날 지후에게 말했다.

"지후가 역사에 그렇게 박학한 줄 몰랐네. 깜짝 놀랐어."

"그래요?"

"그런데 나한테는 관심 있는 분야도 아니고 너무 길어서 조금 지루했어."

"……"

"만약 선생님한테 말한 것처럼 친구들에게도 그런다면 친구들은 어떻게 반응할까?"

"친구들은 '에에에~' 하며 귀를 막아요. 어떤 때는 때리기도 해요. 그래도 멈추기가 어려워서 그럴 때는 혼잣말로 중얼거려요. 계속 말하고 싶으니까요."

아이는 이야기를 들어줄 사람을 원했지만, 정작 다른 사람이 어떤 이야기를 듣고 싶어하는지에는 관심이 없었다. 그대로 두면 친구들과의 관계는 더욱 악화될 것 같았다. 지후가 편안하게 이야기할 수 있는 시간과 장소를 찾기로 했다. 어머니, 지후와 함께 의논해 집과 상담실로 장소를 제한하자고 했다. 가정에서는 어머니가 매일 30분 동안 아들의 이야기를 경청하기로 했다. 설거지나 빨래를 하면서 성의 없이 듣는 게 아니라 말 그대로 경청하는 시간이었다. 이 과정을 통해서 지후는 자신의 지식을 마음껏 뽐낼 수 있다. 어머니가 자신의 이야기를 경청하고 칭찬해주면 자존감도 높아진다. 단, 친구들에게 역사 이야기는 하지 않기로 했다.

수업시간에 하는 질문에 대해서도 이야기를 나눴다. 질문하기에 적절한 때는 언제이며, 다른 친구들은 어떻게 질문하는지 생각해보자고 제안했다. 지후는 친구들의 행동에는 별로 관심이 없다고 말했다. 자신이 아무때나 많은 질문을 퍼부었다는 사실은 알고 있었지만, 그런 행동 때문에 친구들이 짜증날 수 있다고는 인식하지 못하고 있었다.

상대방의 처지에서 생각해보는 훈련이 필요했다. 지후가 열심히 말하고 있을 때 도중에 말을 자르고 몇 가지 질문을 해봤다. 처음엔 아무런 낌새를 채지 못하고 꼬박꼬박 대답을 했다. 그런데 계속해서 자신의 말을 자르자 지후는 불편한 표정을 지었다. 어떤 기분이 드냐고 물었다. 아이는 기분이 좋지 않다고 퉁명스레 말했다.

"말하고 있는데 중간에 다른 이야기를 하니까 기분이 나쁘지? 선생님이나 다른 친구들도 지후와 비슷한 기분을 느낄 수 있어. 그러니까 지후도 상대의 말이 끝날 때까지 기다려주면 어떨까?"

이어서 수업시간에 질문과 대답은 어떻게 하는 것이 좋겠느냐고 물었지만 쉽게 답하지 못했다. 수업중 질문하는 횟수는 두 번 이하로 줄이면 좋겠다고 제안했다. 의문점이 생겨도 선생님의 설명이 끝나기를 기다리거나 쉬는 시간을 이용하는 편이 좋겠다는 이야기도 덧붙였다. 지후는 노력해보겠다고 약속했다.

"선생님은 지후가 정말 친구들이랑 잘 지내면 좋겠어."

"저도…… 그래요."

지후 역시 친구들과의 원만한 관계를 간절히 바라고 있었다. 다만 그 방법을 알지 못했을 뿐이다. 친구들과 잘 지내기 위해서는 먼저 친구들이 싫어하는 행동을 하지 말아야 한다고 말했다. 하지만 지후는 친구들이 싫어하는 행동이 무엇인지 구체적으로 모르고 있었다.

"지후가 코를 파는 모습을 여학생이 봤다면 어떻게 생각할까? 그리고 점심시간이 지났는데도 입가에 양념을 묻히고 있다면 어떻게 생각할까?"

친구들이 지적한 위생과 외모 이야기를 조심스럽게 꺼냈다. 물론 지후의 장점을 충분히 설명해주고 난 후에 친구들이 보는 객관적인 반응을 알려주었다. 지후는 친구들의 외모에 별로 관심이 없지만 친구들은 자기와 다르게 생각할 수 있다고 인정했다. 친구들이 자신을 향해 "더러워!"라고 했을 때, 이유는 잘 몰랐지만 기분이 나빴다.

지후도 친구들과 잘 지내고 싶었고 인기 있는 친구가 되고 싶었다. 그러나 그 방법을 잘 몰랐다. 문제가 뭔지도 몰랐기 때문이다. 이를 알기도 전에 친구들로부터 강하게 거부당했을 뿐이었다. 함께 놀지 못한 정도가 아니라 혐오스러운 괴물 취급을 당했다. 누구도 지후의 친구가 되려고 하지 않았다. 지후의 친구가 되면 함께 왕따를 당한다는 생각에 아무도 다가오지 않았다. 지후는 외롭고 힘든 학교생활을 보냈다.

다른 사람과 어울리는 법을 알려주는 훈련

친구들에게서 강하게 거부를 당하면서 힘든 학교생활을 하다보면 분노가 생기기 시작한다. 자신이 거부당하는 이유를 모를 때는 더욱 억울할 수밖에 없다. 지후도 마찬가지였다. 친구들에게 다가가고 싶지만 모두 자신을 피하거나 저리 가라며 화를 냈다. 때리는 친구도 많았다. 그래도 친구들과 함께하고 싶었다.

친구들과 잘 지내려면 먼저 친구들을 알아야 했다. 그런데 지후는 친구들의 이름을 잘 기억하지 못했다. 한 학기를 함께 지내고도 학급 친구들의 이름을 절반도 몰랐다. 친구들의 이름을 알아오게 했고 매일 한 친구씩 관찰하여 수첩에 적어오도록 했다. 쉬는 시간에는 어떤 놀이를 하며 노는지, 뭘 잘하는지 등 구체적인 특징을 조사하도록 했다. 이 과제를 통해서 지후는 조금씩 친구들이 하는 놀이에 관심을 가지기 시작했다. 그전에는 친구들이 쉬는 시간에는 카드놀이를 하고 점심시간에는 운동장에서 축구를 하며 노는 줄도 몰랐다. 지후는 점심시간이면 항상 도서관으로 향했고 역사책을 찾아 읽었기 때문이다.

친구들에게 관심이 생기면서 친구들과 잘 지내고 싶다는 바람도 커졌다. 지후는 친구들이 싫어하는 행동은 하지 않겠다고 다짐했다. 코는 화장실에 갔을 때만 만지겠다고 했고, 식사 후에는 꼭 거울을 보겠다고 했다. 어머니께는 깔끔한 옷과 청결한 몸가짐을 유지할 수 있도록 도움을 요청했다.

다른 사람의 처지에서 생각하고, 다른 사람의 감정을 읽고, 다른 사람이 표현하지 않은 부분까지 배려하는 능력이 지후에겐 특히 부족했다. 그래서 누구나 쉽게 할 수 있는 또래와의 자연스러운 사귐도 어려웠다. 무슨 말을 언제 어떻게 해야 하는지를 몰라 난처해했다. 익숙하지 않은 자기 모습이었지만 또래와의 어울림을 기대하며 여러 가지 상황을 구체적으로 연습했다.

지후는 친구나 다른 사람들을 만나 자연스럽게 대화하는 것이 매우 어려웠다. 자연스럽게 인사말을 건네기보다 자신이 하고 싶은 이야기만 일방적으로 늘어놓거나 궁금한 것만을 물어보는 경우가 많았다. 전화를 할 때는 더욱 부자연스러웠다. 예를 들면 과제 준비물을 물어보려고 친구한테 전화할 때, 자신의 이름을 밝히지도 않았다. 전화를 걸자마자 대뜸 "내일 준비물이 뭐야?"라고 물었다. 옆에서 듣던 어머니가 전화기를 넘겨받아 마무리를 해야 했다. 지후의 친구에게 어머니는 여러 번 미안하다고 말했다.

그래서 지후를 이해하는 친숙한 어른들과 자연스럽게 전화하는 연습을 과제로 냈다. 상담실에서는 다양한 사람들과의 상황극을 시도했다. 예상대로 지후는 자연스럽지 않게 행동했다. 책을 읽는 듯 말했다. 하지만 연습이 반복되면서 조금씩 자연스러워졌다. 이번에는 친구들과 대화하는 상황극을 연습했다. 처음에는 상대방의 이야기를 주의깊게 듣지 못했고 자신이 말해야 할 순간도 정확히 포착하지 못했다. 그렇지만 반복적으로 훈련하면서 조금씩 주변 사람들과 소통하는 법을 익히기 시작했다.

그런 다음 지후가 처할 수 있는 낯선 상황에 대처하는 법을 훈련했다. 이를테면 '2교시가 끝났을 때, 4교시에 공부할 수학책을 집에 두고 왔다는 사실을 알았다면 어떻게 할까요?'라는 상황을 제시했다. 지후는 그런 경험이 있다고 했다. 그냥 교과서 없이 수업을 했고 그 때문에 선생님에게 혼이 났다고 했다.

"빌리는 방법도 있었을 텐데?"

"아, 그건 전혀 생각하지 못했어요."

지후와 함께 수학책을 빌리는 전략을 짰다. '다른 반에 가서 수학시간이 겹치지 않는지 확인한다. 누구한테 빌릴지 정한다. 정중하게 부탁한다.' 이런 시나리오로 상황극을 만들었다. 다른 아이들은 생활하면서 자연스럽게 익히는 행동양식들이 지후에게는 낯설고 힘들었다. 그래서 여러 상황극을 통한 연습이 필요했다. <u>스스로 깨우치지 못하는 아이에게는 깨우칠 수 있는 길을 열어줘야 한다.</u>

아직도 지후와 그의 가족은 새롭게 만나게 되는 다양한 상황에 자연스럽게 적응하는 방법을 열심히 훈련중이다. 세상의 한 구성원으로 함께 살아가기 위해서 배우고 익혀야 할 것이 너무 많다.

이상한 아이가 아니라 이해가 필요한 아이_ 지후는 버르장머리 없는 아이가 절대 아니다. 친구들이 싫어하는 짓만 골라서 하는 나쁜 아이는 더더욱 아니다. 단지 세상과 자연스럽게 소통하는 방법을 모를 뿐이다. 학교폭력의 표적이 되기 쉬운 아이들이 또래와의 관계 개선과 바람직한 학교생활을 위해 열심히 훈련하는 과정은 꼭 필요하다. 그러나 학교폭력을 줄이기 위해서는 이들의 노력만으로는 한계가 있다. 이들을 바라보는 어른들과 또래의 시각도 바뀌어야 한다. 이들이 독특한 행동특성을 가질 수밖에 없는 상황에 대해 그들에게 알리고 이해할 수 있도록 해야 한다. 답답하고 분위기 파악을 못 하는 이상한 아이가 아니라 특별히 이해받아야 하는 친구라는 사실을 말이다.

친구 따윈 필요 없는걸요
친구 대신 게임 캐릭터와 책에 빠져든 아이들

"책만 읽어요. 정말 책만……"

집에서도 유치원에서도 늘 책을 보는 아이, 친구들이 아무리 시끄럽게 떠들어도 눈길 한번 주지 않고 조용히 책만 보는 아이, 바로 진수다. 진수가 어릴 때는 부모도 일찍 한글을 떼고 영어 알파벳은 물론이고 숫자까지 척척 아는 아들을 영재라고 생각하며 뿌듯해했다. 그러나 자라면서도 계속 책에만 빠져 있고 또래한테는 전혀 관심이 없는 아들이 염려되었다.

빨리 또래와 어울리게 해야 한다는 주변 어른들의 조언을 받아들여 다섯 살이 되자 유치원에 보냈다. 진수는 그곳에서도 또래에게 관심을 보이지 않았다. 학기초에는 낯선 환경이라 그렇지만 익숙해지면 자연스럽게 어울리겠지 하며 아들을 지켜보았지만 두 달이 다 지나도록 별로 달라지는 모습을 보이지 않았다. 여전히 또래한테 관심 없는 아들이 염려돼 상담이 이루어졌다.

"어머니, 진수 키울 때 특별히 어려운 점은 없었나요?"
"아이가 얼마나 예민한지 잠을 제대로 안 자서 많이 힘들었어요."
"잠자는 것 외에 달리 예민하지는 않았고요?"
"잘 먹지도 않았어요. 저도 밤에 제대로 못 자니까 늘 비몽사몽이었지요."
진수의 어린 시절을 떠올리는 어머니의 얼굴이 어두워졌다. 진수 키우기가 너무 힘들어서 둘째는 생각도 못 했다고 했다.
"진수의 신체발육은 어땠나요? 목 가누기나 뒤집기, 기기 그리고 걷는 시기는요?"
"신체발육은 또래와 별 차이가 없었어요. 빠르지는 않았지만 특별히 늦지도 않았어요. 돌이 지나고 발을 떼며 걷기 시작했으니까요."
"말은 언제부터 하기 시작했나요?"
"돌까지는 거의 말을 안 했고요. 두 돌이 되기 전에 말문이 트이면서 거의 문장으로 말하기 시작했어요. 한글도 제법 깨쳤고요."
"말을 하면서 한글도 알기 시작했다는 말씀이지요?"
"네. 돌이 지나도 말을 안 해서 그림카드를 이용해 과일, 동물, 사물 등 여러 가지 이름을 반복해서 말해줬어요. 그림은 물론이고 혹시나 해서 글씨도 읽어줬고요."

"그림카드를 잘 보던가요?"

"어찌나 신기하게 잘 보는지 재미있게 가르쳤어요. 남편이 출근하고 나면 매일 그림카드 가지고 많이 놀았어요. 그런데 시간이 좀 지나면서 말로 표현하지는 않아도 이름을 다 알더라고요."

"아이가 새로운 이름을 알아가는 과정이 신기하기도 하고 재미있으셨지요?"

"네. 그럼요. 눈뜨면 어제 보여준 그림의 이름들 확인하고, 또 새로운 그림카드를 통해 새로운 이름을 알려주었고요. 그렇게 몇 개월이 지나자 혼자서 그림들을 가리키며 이름을 말하기 시작했어요."

진수가 여러 가지 이름을 말하자 더욱 신이 난 어머니는 영어로 말해주기도 했다. 영어에도 반응을 보이는 아들을 보면서 어쩌면 천재일지도 모른다는 생각에 더욱 신이 났.

그 바람에 다른 놀이는 등한시했다. 흔히 돌이 되기 전의 아이들이 가장 좋아하는 '까꿍 놀이'를 하며 제대로 웃어보지도 않았다. 장난감을 가지고 재미있게 놀아본 적도 없었으며 집 안 여기저기를 탐색하며 돌아다니지도 않았다. 깨어 있을 때는 거의 책과 그림카드만 보면서 지냈다. 엄마와 함께 있었지만 엄마는 상호작용을 통해서 애착을 형성하는 대상이기보다는 책을 만나게 해주는 매개체에 불과했다.

친구를 사귀는 데도 '조기교육'이 필요하다

"또래랑 어울릴 기회는 많았나요?"

"아니요. 거의 세 돌이 될 때까지 집에서 저하고만 놀았어요. 남편 직장 때문에 이사를 와서 아는 사람도 없고, 저도 낯을 가려서 새로 누굴 사귀는 게 어렵기도 했고요. 에너지가 많은 편도 아니라서 집에 있는 게 편했어요."

"또래랑 어울릴 기회가 많지는 않았지만 그래도 전혀 없지는 않았을 텐데, 그때의 반응은 어땠나요? 좀 자세하게 말씀해주세요."

"남편의 직장 동료들 가족이랑 몇 번 만났었는데 또래한테는 관심이 없고 제 옆에만 자꾸 붙어 있으니까 힘들더라고요. 다른 사람을 밖에서 만나면 식당 메뉴판에 있는 글자만 계속해서 물어보고, 집에서 만나면 책을 가져와서 읽어달라고 하고요."

"진수가 또래한테는 관심을 가지지 않고 엄마 옆에만 있으려고 할 때, 어머님은 어떻게 하시나요?"

"다른 사람들도 신경쓰는 것 같고 저도 불편해서 집에 빨리 와버려요. 그러다보니 점점 모임에 안 나가게 됐고요."

"그렇게 기분좋지 않게 나오면 진수가 속상해하지는 않아요?"

"제가 돌아오면서 짜증을 내니까 그때는 눈치를 봐요. 그런데 더 속상할 때는 우리집에서 모임을 할 때예요."

"집에서 모임을 하면 왜 더 힘들어질까요?"

"손님들이 왔는데 진수가 방에서 책만 보거나 인사도 제대로 안 하는 상황이 더 당황스러워요. 그런 일이 몇 번 반복되니까 다른 애들도 그러려니 하고 우리 진수한테는 아무도 같이 놀자고 안 해요."

아이들은 두 돌 전에는 모방하기 좋아하는데 이때 자연스럽게 또래와 어울릴 수 있는 기회를 주기적으로 제공해야 한다. 자기가 좋아하는 것을 나누려고 하지 않는 시기이기 때문에 다툼이 생길 수도 있고 제대로 어울리지 못할 수도 있다. 그러나 어른들이 함께 놀아주면서 또래와의 만남이 즐겁다는 것을 경험하게 해주어야 한다. 부모가 아닌 다른 어른을 만나 인사하는 방법도 배우고 칭찬받는 과정 또한 사람을 신뢰하게 되는 데 큰 도움이 된다. 다른 사람을 만나 즐거운 경험을 한 아이들은 사람들이 있는 곳에 또 가고 싶어한다.

그러나 진수처럼 낯선 사람과의 만남에서 즐거움을 경험하지 못한 아이들은 자기가 좋아하고 익숙한 책을 친구로 삼기도 한다. 서너 살이 되면 또래와 어울리는 즐거움을 알고 놀이의 순서와 규칙을 지키며 노는 다른 아이들과는 더욱 멀어지게 된다. 진수는 또래보다 훨씬 많은 명칭과 다양한 정보를 알고 있지만 또래와 어울려 놀 때의 즐거움을 경험하지 못했기 때문에 어머니에게서 분리되지 못하고 있다. 자녀가 또래와 자연스럽게 어울리기를 바란다면 또래와 함께할 때의 즐거움을 반드시 경험하게 해주어야 한다.

"진수의 유치원생활은 어떤가요?"

"딱히 문제를 일으키지는 않지만 재미있어하지도 않는 것 같아요."

"유치원에 대해서 부정적인 반응을 보이기도 하나요?"

"유치원에 안 가고 엄마랑 집에서 책 보고 싶다고 자주 말해요."

"진수가 유치원에 가고 싶지 않다고 말할 때는 어떻게 반응하세요?"

"처음에는 저도 불안해서 쉬게 해봤어요. 그런데 계속 이럴 수는 없을 것 같아서 요즘에는 억지로 보내요. 그러면 울먹이면서 가기도 하고요. 정말 속상해요."

"진수가 유치원 선생님은 좋아하나요?"

"또래보다는 어른이 편한 것 같아요. 선생님께서 진수가 옆에서 맴돈다고 하시더라고요."

"그래도 진수가 유치원 선생님은 믿고 있는 것 같아 안심이 되네요."

"선생님이 진수를 많이 챙겨주세요. 자기 일을 스스로 잘하는 다섯 살 아이들도 많다고 하던데. 그런 아이에 비하면 우리 진수는 아직도 아기나 마찬가지예요."

"진수가 또래와 함께하면서 즐거웠던 경험이 거의 없기 때문에 갑자기 친구들과 잘 어울리라고 요구할 수는 없어요. 절대 그렇게 요구해서도 안 되고요."

"지금도 유치원 친구들이 진수를 아기 취급을 한다는데, 앞으로 점점 더하지 않을까요?"

부모가 아이에게 시각적인 자극만을 과다하게 제공한다면 아이는 다양한 감각을 활용할 기회를 잃게 된다. 당연히 다른 감각은 둔감해질 수밖에 없다. 특히 책만 보는 경우에는 움직임이 적어져서 신체활동을 통한 전두엽의 활성화를 막는 결과를 초래하기도 한다. 그 때문에 또래와 잘 어울릴 수 있는 방법을 제대로 모르고 상황에 맞지 않게 행동하기도 한다. 신변처리 능력 또한 부족해서 도움을 받아야 한다면 또래로부터 어린 동생 취급을 받을 수밖에 없다.

"친구와 잘 지내는 기술을 배우고 싶어요"

현진이 역시 진수처럼 친구를 사귀는 데 어려움을 겪는 아이였다. 하지만 나이가 들면서 조금 생각이 바뀐 경우이기도 했다. 현진이는 중학교 2학년이 되면서 자신이 친구들과는 좀 다르다는 생각이 들었다. 결국 부모를 설득해 상담실을 찾았다. 현진이는 '분위기 파악 안 되는 띨띨이'로 불리면서 초등학교 고학년 때부터 친구들에게 괴롭힘을 당했고 왕따가 되었다. 학교 가는 것이 두려웠고 성적도 떨어졌다. 중학교에 와서는 더욱 심한 괴롭힘에 시달려야 했다.

그러나 다행스럽게도 2학년 때 함께 있으면 마음이 편안해지는 친구를 만났다. 많은 대화를 나누지 않아도 함께 있으면 편안한 그런 친구 말이다. 다른 반인 그 친구도 학급에서 왕따를 당하고 있었다. 공통점이 많은 친구였다. 학급에서 친구들의 괴롭힘은 계속되었지만 쉬는 시간이나 점심시간이면 만날 수 있는 친구가 생겼기 때문에 학교 가는 것이 즐거워졌다. 그 친구를 만나면서 다른 친구들에 대해 생각하게 되었고, 친구들과 잘 지낼 수 있는 기술이 있다면 배우고 싶다는 욕구가 생겼다.

"현진이는 상담실에 오는 거 괜찮았어? 많은 친구들이 상담실에 오는 거 별로 안 좋아하거든."
"전 제가 오고 싶다고 엄마를 졸랐어요."
"정말? 현진이는 어떤 도움을 받고 싶어?"
"친구 잘 사귀는 방법을 배우고 싶어요."
"친구 사귀기가 어렵다고 느끼는구나!"
"네. 사실은 제가 친구들하고 많이 다르다는 생각이 들었어요."
"어떤 점이 친구들과 다르다고 생각해?"
"좋아하는 것도 많이 다르고요."
"좋아하는 건 다 다를 수 있잖아."
"저는 다른 사람들과 함께 있는 게 즐겁다는 걸 몰랐어요. 그래서 집에서도 밥 먹은 뒤에는 늘 방에서 컴퓨터로 캐릭터 만들어서 꾸미는 것에만 빠져 살았어요. 친구도 당연히 없었고, 가족과도 별로 말하지 않았어요."
"그럼 이제는 다른 사람들과 함께하는 즐거움을 알게 되었다는 뜻으로 받아들여도 될까?"

"아직은 잘 모르겠고 불편하지만 친구가 좋다는 건 알 것 같아요."

그랬다. 현진이는 이제 친구와 함께하는 즐거움을 알게 되었다. 그래서 친구와 잘 지내는 방법을 구체적으로 배우고 싶다는 강한 욕구를 가지고 상담실을 찾아왔다.

친구를 사귀고 싶지 않은 아이는 없다. 사귀기가 어려울 뿐

"친구가 좋다는 걸 알게 된 특별한 계기가 있었어?"

"초등학교 때부터 친구들이 워낙 저를 싫어하니까 잘 어울리지 못했어요. 그런데 중학교 2학년이 되면서 도서관에서 다른 반 친구를 만나게 됐어요. 그런데 걔가 제가 좋아하는 과학책을 읽고 있더라고요. 보통은 별로 안 좋아하는 책이거든요."

"어떻게 말을 걸게 됐어?"

"그냥 제가 말을 걸었어요. 나도 이 책 읽었는데 재미있더라고 말했어요."

"그랬더니 그 친구가 어떻게 반응했어?"

"자기도 좋아하는 책이라 여러 번 읽었다고 하더라고요. 그렇게 친구가 됐어요."

"그 친구와 자주 만나?"

"매일 만나요. 점심시간에는 도서관에도 같이 가고요."

"친구 이야기할 때 현진이 얼굴이 밝아지네. 그 친구 생각만 해도 기분이 좋아지는구나!"

"네. 기분좋아요."

"현진이는 그 친구 만나고 난 뒤에 어떤 변화가 생겼어?"

"학교에 가는 게 즐거워졌어요."

"우와! 엄청난 일이구나! 이제부터 우리는 어떤 목표를 가지고 만나면 좋을까? 현진이의 생각을 듣고 싶어."

"다른 친구들과도 친해질 수 있는 방법을 배우고 싶어요."

과거의 현진이는 친구라는 존재가 주는 즐거움을 알지 못했다. 학교에서 만나는 친구들은 대부분 현진이를 싫어했다. 그러니 학교생활이 힘들 수밖에 없었다. 힘든 학교 일과가 끝나면 서둘러 집으로 돌아와서 컴퓨터로 자기만의 캐릭터를 만들고 꾸미는 것에 빠져 살았다. 컴퓨터와 많은 시간을 함께했다. 컴퓨터 앞에 앉아 있을 때가 가장 편안했다. 컴퓨터 속의 캐릭터는 항상 머릿속에 남아 있었다. 학교에서도 새로운 캐릭터 만드는 방법에 대해서 생각할 때가 많았다. 그래서 수업시간에도 집중하지 못했다.

그러던 아이가 달라지고 싶다는 강한 욕구를 가지고 상담실을 찾아왔다. 친구들과 자신이 많이 다르다는 사실을 인식했고, 잘 어울려 지내려면 어떻게 해야 하는지 구체적인 방법을 알고 싶어했다.

"현진이는 친구들과 함께 있을 때 무엇이 가장 어려워?"

"언제 어떤 말을 해야 할지 잘 모르겠어요. 그래서 아무 말도 못 할 때가 많아요."

"친구들과 있을 때는 주로 말을 듣는 편이니?"

"네. 그러다가 가끔 제가 관심 있는 이야기가 나오면 길게 말하기도 해요."

"그러면 친구들이 어떻게 반응하니?"

"'또 시작이다' 그러면서 안 듣고 가버려요."

"친구들이 네 말을 잘라버리고 가면 속상하겠다."

"워낙 오래전부터 그래서 괜찮아요."

현진이는 애써 웃으면서 괜찮다고 말했다. 그래서 더욱 마음이 아팠다.

"이제 곧 방학이 끝나고 개학을 할 텐데, 친구들 만나면 어떻게 인사할 거야?"

"인사 안 하는데요."

"방학 동안 못 봤던 친구를 오랜만에 만나면 어떻게 지냈는지 안부를 묻는 인사를 하거든. 그런 인사 해본 적 있어?"

"아니요."

관계를 맺는 데도 연습이 필요하다

변하고 싶은 의지가 강했던 현진이는 매주 다른 사람들과 직접 상호작용하는 과제를 연습해오기로 했다. 첫 과제는 개학 후 처음 만나는 친구에게 '안부 인사하기'였다. 현진이는 오랜만에 만난 친구에게 먼저 다가가 안부를 묻고 와서는 매우 즐거워했다. 처음에는 어색했는데 자꾸 하다보니까 친구들과 친해지는 느낌이 들었다고 했다. "방학 동안 잘 지냈어?"라고 먼저 인사를 했더니, "너 현진이 맞아? 웬일?" 하며 반응을 보이더라는 것이다. '용건이 있을 때, 친구에게 전화하기'도 연습했다.

"현진이는 지금 숙제가 뭔지 몰라. 그래서 친구에게 전화를 걸어서 물어보는 상황이야. 자, 연습해보자. 맨 처음에 어떻게 말할 거야?"

"'수학숙제가 뭐야?'라고 말해요."

"친구가 전화를 받자마자 숙제가 뭔지부터 물어보면 좀 당황하거나 기분이 나쁠 수도 있어."

"왜요?"

"먼저 그 친구가 전화를 받을 수 있는 상황인지 물어보고, 그다음에 전화한 용건을 말하는 게 전화를 걸 때의 예의라고 할 수 있어. 대부분의 사람들은 그렇게 서로 전화를 주고받아."

"그럼 제가 다짜고짜 숙제부터 물어보면 실례가 되는 거네요."

현진이는 연습한 대로 친구에게 전화를 걸었다. 평소처럼 용건만 말하지 않고 가벼운 인사를 건넨 뒤 전화를 받을 수 있는 상황인지부터 물어봤다고 했다.

다른 사람들의 감정을 알아차리는 연습도 했다.

"현진이는 자신의 감정을 다른 사람들에게 표현해본 적 있어?"

"아니요."

"다른 사람의 감정을 읽고 위로하거나 함께 기뻐했던 적은?"

"없어요."

"그럼 먼저 감정카드로 현진이가 어떤 감정을 가장 많이 느끼는지부터 알아보기로 하자."

"기쁨, 즐거움, 행복을 느낄 때가 많아요."

"언제 그런 감정을 많이 느껴?"

"가족이랑 함께 있을 때요."

"그러면 가족에게 긍정적인 감정을 직접 표현하는 연습을 해봐. 그리고 가족이 어떻게 반응하는지도 관찰하고. 혹시 상대방의 감정에 대해서 궁금증이 생기면 내게 물어봐도 좋아. 기쁘고 즐겁고 행복한 감정을 충분히 느껴보는 일주일이 되면 좋겠다. 현진이 파이팅!"

일주일 후 다시 만난 현진이는 가족에 대해서 새롭게 알게 된 사실이 많다며 좋아했다.

"엄마가 맛있는 거 먹을 때만 좋아하는 줄 알았는데, 평소에도 많이 웃으시더라고요. 그리고 엄마가 간식을 줄 때 고맙다고 인사를 했는데 정말 기뻐하셨어요. 아빠랑 누나가 뭘 좋아하는지도 알게 되었어요."

이제 가족에게는 자신의 감정을 표현할 수 있게 된 것이다. 이후에는 가족의 표정이나 말투를 통해서 상대방의 감정을 읽는 연습을 했다.

현진이는 표정이 밝아졌다. 다른 사람과 상호작용하는 연습에 재미를 붙이기 시작했고, 자신감도 많이 향상되었다. 아직은 서툴지만 다른 사람들과 함께 있을 때 어떻게 행동해야 하는지 열심히 배워가고 있다. 그리고 다른 사람의 비언어적인 메시지를 이해하려고도 노력했다. 아직은 달려가야 할 길이 멀다. 어쩌면 살아가면서 낯선 상황을 만나 또 당황할 수도 있다. 계속 연습하고 연습해야 한다. 아이에게 사람에 대한 관심이 생기고, 친구를 사귀고 싶다는 의지가 생긴 이상 앞으로의 길이 그렇게 험난하지는 않을 것이다.

혼자이고 싶은 아이는 없다_ 친구를 사귀고 싶지 않은 아이는 없다. 다만 방법을 모를 뿐이다. 아이가 친구 대신 다른 사물과의 교감을 편안해한다면, 생명체와의 교감만이 줄 수 있는 따뜻함을 알려줘야 한다. 당장 사람을 대하기 어려워한다면, 반려동물로 시작해보는 것도 좋은 방법일 수 있다. 자신의 관심과 애정에 대한 피드백을 지속적으로 받다보면, 사람과 관계를 쌓는 일에도 자신감을 얻을 수 있다.

2장

무엇을 해야 할지
모르는 부모들

내 아이는 무조건 최고여야 해요
딸을 통해 대리만족하는 엄마, 엇나가는 딸

　모녀간의 불편한 관계가 두 달 이상 지속되자 더이상은 두고볼 수 없다고 판단한 아버지의 손에 이끌려 상담실에 온 유진이는, 머리부터 발끝까지 값비싼 브랜드 제품으로 휘감고 있었다. 중학교 1학년생에겐 다소 과해 보이는 차림이었다. 아버지 때문에 억지로 따라오긴 했지만, 상담에 응할 의사는 전혀 없어 보였다. 어머니와 멀찍이 떨어져 앉아 불만 가득한 표정만 짓고 있을 뿐이었다.

　차림새만으로는 남부러울 것 없는 부모의 관심과 사랑을 받는 아이인 것 같은데, 아이의 얼굴은 어둡기만 했다. 아이의 옷차림과 대비되는 어머니의 행색도 눈에 띄었다. 해진 소매 끝이 십수 년은 입은 옷인 듯했다. 본인보다 자녀를 위한 일에 열을 올리는 타입이라 짐작되었다.

그토록 착하기만 하던 내 아이가
어느 날 갑자기

유진이는 결혼 후 10년이 넘도록 임신 소식이 없어 마음고생을 하다가 간신히 얻은 귀한 딸이었다. 그래서 어릴 때부터 좋은 것은 모두 해주고 싶은 심정으로 딸을 키웠다. 유진이 어머니는 어린 시절 집안 형편이 어려워 원하는 것을 제대로 누려본 적 없었기에 딸에게만큼은 최상의 것만을 사주려고 애썼다. 디자인이나 품질보다는 어느 브랜드인지, 얼마인지를 확인하고 딸의 물건을 샀다. 자신을 위해서는 단돈 몇만 원에도 벌벌 떨면서, 딸을 위해서는 절대 돈을 아끼지 않았다. 남편을 위한 지출에도 인색했다. 오직 딸을 위해서만 지갑을 열었다. 비싼 옷을 입고 나가면 사람들이 유진이를 한 번 더 쳐다봐줄 거라 생각했다. 부러운 눈으로 딸을 바라보는 아이들을 보면 만족스러웠다. 비록 부자는 아니지만 맞벌이를 하며 열심히 살았고, 남부럽지 않게 잘 커가는 유진이가 있어 행복했다.

그런데 예쁘게 크던 딸이 중학교에 들어가면서부터 달라졌다. 늘 엄마 말이라면 믿고 따르던 아이가 말대답을 하기 시작했고, 공부도 제대로 하지 않았다. 제시간에 도착하지 않고 수업시간에도 집중하지 않는다는 학원선생님의 연락도 여러 번 받았다. 하루종일 힘들게 일하다 파김치가 되어 돌아온 엄마를 봐도 반기는 기색은커녕 시큰둥하게 쳐다보기만 했다. 인사도 하지 않고 방으로 들어가버리는 날도 많았다.

온갖 잡동사니로 뒤엉킨 방을 정리해주는 것도 점차 짜증이 났다. 그래도 아이가 공부할 수 있는 분위기를 만들어주기 위해 별다른 잔소리 없이 청소를 해줬다. 조용히 들어가 책상과 침대를 정리해주고 나와도 고맙다는 말 한마디 없이 당연하다는 듯 구는 딸아이가 얄밉기까지 했다. 다음날이 되면 또다시 방은 엉망진창이 되어 있었다. 결국 화를 참을 수 없는 지경에 이르렀다.

"네 방 좀 들여다봐. 도깨비 소굴인지 쓰레기장인지 도대체 알 수가 없다."

"그럼 들여다보지 마! 누가 보래?"

"정리해놓으면 뭐하니. 하루를 못 가는데……"

"그러니까 누가 정리해달라고 했냐고! 도깨비가 나오든 뭐가 나오든 내가 알아서 할 거야."

"너, 엄마한테 그게 무슨 말버릇이야?"

"아, 몰라. 짜증나. 내가 다 알아서 할 테니까 엄마는 신경 꺼."

딸과 한바탕 입씨름하고 나니 서글퍼졌다. 울적한 마음에 아웃렛 매장을 찾았지만 여전히 딸 옷만 보는 자신을 발견했다. 들고 있던 옷을 내려놓고 매장을 나와버렸다. 아이를 낳은 후 자신이 원하는 것이 무엇인지에 대해서는 한 번도 생각하지 않고 살아왔다. 아이를 위한 일이라면 물불 가리지 않았다. 그런데, 그렇게 헌신했는데 딸은 언제나 불만 가득한 표정이다. 어떤 이야기에도 토를 안 다는 법이 없다. 도대체 더이상 뭘 어쩌라는 건지 알 수도 없었고, 혼자서만 애쓰고 싶지도 않았다.

아이가 이제 막 사춘기에 접어들었고, 다른 집 딸들도 비슷한 행동을 보인다는 사실은 알았지만 그렇다고 위안이 되진 않았다. 참으려 해도 화가 치밀어올랐다. 딸을 보고 싶지 않았다. 그래서 입을 다물었다. 2주 이상 최소한의 대화만 했다. 아이 역시 상관없다는 듯한 태도였다. 이렇게 지내다간 정말 관계를 회복할 수 없을 것 같아 마음을 고쳐먹었다. 예전처럼 대하려고 애썼는데, 딸의 반응은 너무도 냉랭했다. 대략 이런 식이었다.

"유진아, 엄마 지금 마트 가는데 뭐 사다줄까?"
"……"
아무 말 없이 문을 쾅 닫고 방으로 들어가버린다.
"유진아, 아침 다 됐어."
"……"
대답 없이 욕실로 들어가서 샤워를 시작한다.
"학교 잘 갔다 와."
"……"
쳐다보지도 않고 현관문을 쾅 닫고 나가버린다.

유진이는 엄마와 말을 섞지 않는 것은 물론, 쳐다보려고도 하지 않았다. 마치 없는 사람처럼 취급했다. 필요한 것이 있어도 아빠에게 부탁했다. 딸이 삶의 이유였던 유진이 엄마에게 딸과 소통하지 못하고 불편하게 지내야 하는 하루하루는 지옥이었다.

이미 상처받은 아이는
어른이 화난 이유에 관심을 갖지 않는다

"유진이 피곤해 보이는데 상담할 수 있을까?"
"네."
"아빠랑 다정한 모습, 보기 좋더라."
"네, 아빠랑은 잘 지내요. 엄마랑 그렇게 되고 난 후부터."
"엄마랑 무슨 일이 있었는지 물어봐도 돼?"
"엄마가 어느 날 갑자기 화를 내면서 저한테 말을 안 했어요."
"유진이가 엄마한테 말을 걸었는데 아무 대답이 없으셨다고?"
"네."
"아무 반응이 없는 엄마를 보면서 어떤 기분이 들었어?"
"짜증나서 나도 말 안 했어요."
"혹시 엄마가 왜 말을 안 했는지 물어본 적 있어?"
"아니요."

"이유가 궁금하지는 않았어?"
"……"

아이는 어른이 화난 이유에 별로 관심을 가지지 않는다. 화가 났다는 그 사실이 중요할 뿐이다. 그로 인해 자신이 불편해지는 상황을 더 크고 중요하게 느낀다. 이유와 상관없이 화를 내는 부모가 못마땅하고, 그래서 자신도 화를 내는 경우가 많다.

유진이도 마찬가지였다. 엄마가 자기 때문에 화가 났을 거라고 막연하게 짐작만 할 뿐 구체적인 이유는 알고 싶어하지 않았다. 상대방이 어떤 감정을 느끼는지 정확히 알아야 서로 소통할 수 있다. 막연한 짐작만으로는 상대방을 이해할 수 없다. 시간이 흐를수록 서로 오해만 쌓일 뿐이다.

"내가 저를 어떻게 키웠는데……"
"엄마는 나를 몰라"

"유진이가 어머니 말에 아무 반응을 하지 않으니 많이 답답하시겠어요. 엄마라는 이유로 참아야 할 일이 너무 많지요?"
"……"
뺨을 타고 흘러내리는 눈물을 닦기만 하던 어머니가 입을 열었다.

"제가 유진이를 어떻게 키웠는데…… 유진이 낳고 지금까지 저를 위해서는 만 원도 마음 편히 쓴 적이 없어요. 저처럼 나가서 기죽지 말라고 어려서부터 유명하다는 상표의 옷은 다 사 입혔어요."

"유진이가 브랜드 옷을 좋아하나요?"

"딱히 그렇진 않아요. 사실 별로 관심이 없어요."

"그런데 왜 그렇게 비싼 옷을 사주셨어요?"

"아이가 기죽는 게 싫어서요. 유진이한테는 전부 최고만 주고 싶어서요."

"그러니까, 아이가 원해서가 아니라 어머니가 원해서 하신 일이었네요?"

"……"

그랬다. 모든 걸 최고로 사주는 것으로 사랑을 표현했던 유진이 어머니의 방법이 딸에게는 별로 감동을 주지 못했다. 그녀는 어린 시절 자신이 겪었던 결핍을 딸을 통해 해소하고 있을 뿐이었다. 그건 대리만족이었지, 진정한 사랑은 아니었다. 딸이 원하는 것이 무엇인지 관심을 기울이고 물어보기보다는 어릴 때 자신이 원했던 것을 딸에게 주었을 뿐이었다. 그러면서 딸도 그걸 원할 거라고 믿고 싶어했다.

먹고사는 게 힘들었던 우리 부모 세대는 자녀들의 주린 배를 채워주는 것이 사랑이라고 생각하며 살아왔다. 배불리 먹는 것이 소원이었던 시절에는 먹을 것만 있으면 걱정이 없었다. 당연히 가족을 배불리 먹이는 일이 부모의 가장 중요한 역할이라고 여겼다. 그리고 자식이 좀더 나은 삶을 살게 되리라 믿으며 허리띠를 졸라매고 교육에 매달렸다. 치열한 삶을 살아야 했다. 가족을 향한 사랑은 가득했지만 표현하지 않았다. 표현할 수 없었다. 감정은 사치였고, 다음날을 위해 오늘은 쉬어야만 했다. 가족이 함께 모여 기쁜 일을 서로 나누며 즐거워하고, 아픔을 나누는 경험을 해보지 못했다. 가족과의 행복한 순간을 새로운 활력소로 삼아 힘든 일을 이겨낼 수도 있다는 사실을 우리의 부모 세대는 알지 못했다. 그래서 힘들게 그리고 외롭게 세상과도 자신과도 싸워야 했다. 그러나 자식들은 알지 못한다. 자식을 위해 희생하며 모든 것을 주려는 부모의 마음을 말이다.

"유진아, 엄마랑 함께 쇼핑 가본 적 있어?"
"네. 초등학교 다닐 때는 자주 갔어요."
"주로 쇼핑하러 어디 가?"
"아웃렛에 가요."
"아웃렛에 가서 뭘 사는데?"
"아동복매장에 가서 제 옷이랑 신발을 사요."
"아동복매장에서 쇼핑 끝나면, 그다음에는 다른 층으로 가?"
"아니요. 다른 층에는 안 가요. 그냥 지하 식품매장으로 가서 장보는데요."
"엄마나 아빠 옷을 함께 쇼핑한 적은 없었어?"

"……"

한참을 생각하더니 별로 없는 것 같다며 고개를 저었다.

"유진이 어머니는 어릴 때 언니가 입었던 헌옷만 물려 입은 게 너무 싫으셨대."

"우리 이모가 많아요. 엄마 위로 이모가 두 분이나 계세요."

"유진이 어머니는 딸한테 예쁜 옷과 신발을 사주면서 많이 행복하셨던 것 같아. 너도 느끼고 있었니?"

"엄마의 자기만족이에요. 새 옷 사오면 빨리 입어봐, 걸어봐. 장난 아니에요. 우리 엄마는 내가 진짜 원하는 게 뭔지 몰라요."

"유진이가 엄마한테 진짜 원하는 게 뭔지 정말 궁금한데, 말해줄 수 있어?"

"별것 아니에요. 그냥 친구 같은 엄마요. 내가 속상한 일이 있을 때면 끝까지 잘 들어주고, 스킨십도 많이 해주고. 우리 엄마는 사랑한다고 절대로 말 안 해요."

유진이는 자기 말을 잘 들어주고, 따뜻하게 손잡아주고 안아주는 엄마를 원하고 있었다. 딸이 원하는 애정표현은 따로 있는데, 어머니는 자신이 받고 싶었던 방식으로 사랑을 표현했던 것이다. 일방적으로 자기가 원하는 방식으로 상대방에게 감정을 표현하고는 잘 몰라준다고 서운해하며 원망하는 사람이 얼마나 많은지 모른다. 부모와 자녀 관계뿐만 아니라 부부 사이에서도 이러한 실수는 빈번하게 일어난다. 일방적으로 희생했다고 생각하는 경우에는 상대방에 대한 원망이 더욱 커지기도 한다. 자식만이 삶의 전부인 경우, 자식에게 서운해지면 인생이 모두 무너진 것 같은 공허함을 느낄 수도 있다. 자신이 좋아서 한 일이지만 상대를 향한 원망이 커지고, 결국 자신은 물론 아이에게까지 상처를 주는 일이 많다.

내가 주고 싶은 사랑이 아니라, 아이가 원하는 사랑을 줘야 한다

상담을 통해서 유진이는 가정형편이 어려워서 힘들었던 어머니의 상처를 보게 되었다. 브랜드 상품만을 고집했던 어머니를 이해하게 되었고, 그것이 자신을 향한 사랑의 표현법이었음도 알았다. 머리로는 어머니를 이해할 수 있게 되었지만 서먹해진 관계는 쉽게 회복되지 않았다. 돌이켜보니 유진이는 엄마와 마주앉아 속내를 털어놓은 적이 없었다. 자기 마음을 알아주지 않는 엄마를 원망하기만 했다. 좋은 것만 주고 싶어하는 엄마가 고맙다고 생각한 적도 별로 없었다. 그저 그게 당연하다고만 여겼다.

유진이와 어머니가 함께했다. 서로의 눈을 바라보지도 못하고 어색하게 마주앉았다. 어머니가 먼저 용기를 냈다.
"유진아, 너무 못나게 살아온 내가 싫었던 건데, 괜히 너한테 말 안

하고 화내서 미안해."

"나도 엄마한테 말 안 하고 화냈는데 뭘."

"엄마가 나이가 들어서 그런지 요즘은 후회되는 일이 참 많아."

"뭐가?"

"너한테 좋은 엄마도 아닌 것 같고, 아빠한테도 그렇고."

"……"

"엄마가 너무 가난하게 자라서 우리 딸한테는 뭐든 해주고 싶었는데……"

"난 비싼 옷 필요 없는데…… 그런 거 좋아하지도 않아."

"그랬구나. 엄마가 잘 몰랐어. 그리고 보니 우리 딸이 정말 원하는 게 뭔지도 모르고 살았네. 미안해, 유진아. 엄마는 정말 우리 딸 사랑해. 우리 딸과 함께 행복하게 살고 싶었어."

"우리집이 그렇게 불행하지는 않아."

"……"

어머니는 딸의 대답에서 희망을 보았다. 그리고 용기를 내 말했다.

"고맙다, 딸. 그럼 우리 다시 행복해질 수 있는 거지?"

지금까지 두 사람은 서로에게 사랑을 원하면서 겉으로는 화를 내고 있었다. 왜 마음을 몰라주느냐며 투정을 부렸던 것이다. 상대가 원하는 방식이 아닌 자기가 주고 싶은 방식으로 일방적으로 표현하면서 말이다. 이제 각자가 바라는 바를 안 두 사람은 처음으로 마음이 통했다. 유진이는 엄마가 잡아준 따뜻한 손에 이끌려 어깨를 기댔다. 처음 마주앉았을 때의 어색함은 전혀 보이지 않았다. 두 사람 사이에 무슨 일이 있었느냐는 듯 다정한 눈빛이 오고갔다.

아이가 바라는 사랑은 그런 게 아니다_ 우리는 때때로 상대방을 위해 자신을 희생했다는 억울함에 상대방을 원망하며 화를 내기도 한다. 만약 그렇다면 반드시 점검해볼 필요가 있다. 내가 표현하는 사랑이 상대방이 원하는 사랑인지 말이다. 자녀를 위해 일방적으로 희생한다는 생각이 든다면, 당장 문제가 무엇인지 분석하는 것이 바람직하다. 아이가 원하지도 않는 것을 해주면서, 자신의 진심을 몰라준다고 속상해하는 것만큼 어리석은 일도 없다. 진정한 사랑이란, 그저 '주는' 것이 아니라 아이의 마음을 '읽어주는' 것이다.

너무 잘해주는 게 왜 문제죠?
아이를 떠받드는 할머니, 스스로 성장을 멈춘 손녀

　은별이는 어른들의 넘치는 사랑과 관심을 받고 자라는 아이다. 초등학교에 입학했을 때도 친척들에게 받은 선물이 셀 수 없을 정도였다. 부모님이 맞벌이를 하기 때문에 엄마가 퇴근해서 돌아올 때까지 아이는 같은 아파트에 사는 외할머니 집에서 지낸다. 엄마가 늦게 퇴근하는 날에는 외할머니 집에서 잠을 자기도 한다. 지방에서 근무하는 아빠는 주말에만 집에 온다.
　외할머니는 은별이를 예뻐해 아이가 무엇을 하든 오냐오냐 받아주신다. 덕분에 아이는 낮 동안 자신이 하고 싶은 대로 지낼 수 있었다. 문제는 저녁이었다. 엄마가 퇴근해서 집에 오기만 하면 가슴이 답답해졌다. 학습지와 학교숙제 검사부터 알림장, 준비물을 챙겼느냐는 잔소리까지, 엄마는 은별이를 한시도 가만두지 않았다. 그러다 또 주

말이 되어 아빠가 오면 다시 자신이 원하는 것을 마음대로 할 수 있었다.

초등학교에 들어간 은별이는 담임선생님의 지적을 자주 받았다. 급식도 가장 늦게 먹었고, 물건을 제대로 챙기지 않아 은별이 이름이 붙은 물건들이 교실 여기저기 흩어져 있었다. 조금만 주의를 줘도 금세 울어버려 당혹스러울 때도 많았다. 어머니를 학교로 부른 담임선생님은 은별이가 유치원생처럼 행동하기 때문에 친구들이 동생 취급을 한다며 걱정이라고 말했다.

어른들의 넘치는 사랑 때문에
스스로 인형이 되어버린 아이

"은별이가 학교생활에 적응을 잘하고 있나요?"

"아니요. 힘들어해요. 학교에 가고 싶지 않다며 방에서 나오지 않으려고 할 때도 많아요."

"학교생활에 적응이 쉽지 않아 걱정되시겠어요."

"걱정이 이만저만이 아니에요. 이런 일이 생길까봐 아이를 엄하게 대했는데도 친정엄마와 남편이 애를 이 지경으로 만들었어요."

"외할머니와 아버지께서 은별이를 지나치게 보호하신다는 말씀인가요?"

"말도 못해요. 외할머니 집에만 가면 은별이가 저를 계모 취급할 정도예요. 친정엄마는 그걸 또 다 받아주고요."

　은별이는 외할머니와 있을 때는 아무것도 할 수 없는 아기가 된다. 밥도 할머니가 먹여줘야 먹고 심지어 화장실에 갈 때도 할머니가 문 앞에서 기다려줘야 용변을 본다. 그렇게 '떠받들어'지다가 집에 오면 엄마의 잔소리가 듣기 싫어서 일찍 잠들어버리려고 한다. 다음날 아침이 되면 밥 먹여주고 가방 들어주는 외할머니와 함께 학교에 갈 수 있기 때문이다.

"외할머니께 은별이가 학교에서 동생 취급 받으며 지낸다는 사실을 알리셨어요?"
"그럼요. 크게 다투기도 했어요."
"뭐라고 말씀하세요?"
"저도 초등학교에 들어갔을 때 함께 놀아주지 않는 친구들 때문에 속상해한 적이 있거든요. 엄마는 저한테도 워낙 지극정성이셨어요. 그래서 학교에 들어갔을 때 처음에는 은별이처럼 동생 취급을 받았죠. 그 이야기를 하시면서 너도 아무렇지 않게 잘 컸지 않느냐며 되레 화를 내세요. 남편은 한술 더 떠서 자기도 어렸을 때 그랬다며 엄마 편을 들고 나서고요. 아이한테 못해주는 게 문제지, 잘해주는 게 뭐가 문제냐는 거예요, 두 사람 다."
"외할머니와 아버지 생각을 은별이가 안다면 어머니한테 오히려 서운해할 수도 있겠네요."

"그래서 저를 계모 취급한다니까요. 둘이서만 집에 있는 걸 너무 싫어해요. 주말에 아빠가 올라오기 전에는 집에 오려고 하지 않아요. 외할머니 집에만 있겠다고 고집을 부리기도 하고요."

"그럴 때 외할머니는 뭐라고 말씀하세요?"

"애가 싫다는데 은별이는 놔두고 혼자 가서 쉬라고 하세요."

"외할머니께서 은별이를 돌봐주시니까 죄송해서 강하게 말씀드리기도 힘드시겠어요."

"네. 그래서 너무 속상할 때가 많아요. 퇴직을 고려하기도 했고요. 그렇다고 그게 쉬운 일도 아니고요."

아이들은 스스로 세상을 탐색하고 작은 문제들을 해결하는 과정에서 큰 기쁨을 느끼며 조금씩 성장한다. 서툴지만 처음 숟가락을 사용해 밥을 먹었을 때, 어른 손을 잡지 않고도 두 발로 걸었을 때, 그 작은 성취과정들이 아이에게 새로운 도전을 감행할 힘이 된다. 설사 먹다가 흘리고 걷다가 넘어진다 해도 이 또한 소중한 경험이다. 때로는 넘어져서 울기도 하지만 다시 일어섰을 때 칭찬하며 박수쳐주는 어른들의 응원을 통해 아이는 쑥쑥 자란다. 나중에는 뭐든 혼자 해보겠다며 고집을 부리기까지 한다. 아이들은 이렇게 성장해야 한다. 뛰고 넘어지고 웃고 울면서 말이다.

그런데 은별이는 스스로 세상을 배울 기회를 잃어버렸다. 넘어지고 우는 아픔을 주지 않으려고 했던 어른들의 넘치는, 그러나 잘못된 사랑 때문에 말이다. 어른들의 지나친 애정이 아이를 '인형'으로 만들어버렸다. 스스로는 아무것도 할 수 없는 인형으로.

"저도 혼자 해보고 싶지만······ 그러면 할머니가 슬퍼하니까요"

"은별이는 뭐할 때 가장 행복해?"

"외할머니 집에서 그냥 쉴 때요."

"그냥 쉬는 게 뭘까?"

"거기선 할머니가 다 해줘요. 밥도 먹여주고 옷도 입혀주고 가방도 챙겨주고요."

"다른 친구들은 어떻게 할까?"

"다른 친구들은 혼자 하지요."

"다른 친구들은 혼자 하는데 은별이는 혼자 해보고 싶지 않아?"

"해보고 싶을 때도 있었어요."

"은별이가 혼자 안 하는 이유가 있는 것 같은데, 말해줄 수 있어?"

"외할머니가 저 밥 먹여주고, 옷 입혀주고 하면서 엄청 좋아해요. 할머니가 좋아하면 저도 좋고요. 그래서 혼자 안 하게 됐어요."

"그러니까 은별이는 할머니를 기쁘게 해드리려고 아무것도 못하는 척하는구나!"

"그렇기도 하고 아니기도 해요."

"그렇기도 하고 아니기도 하다는 건 무슨 뜻이지?"

"외할머니가 좋아하니까 그렇게 한 건 맞는데, 이젠 나도 귀찮아요. 할머니가 다 해주면 편한데 엄마만 오면 이거 해라 저거 해라 하니까 귀찮고 짜증나요."

은별이도 처음에는 친구들처럼 스스로 해보려고 시도했다. 그러나 이제는 시도조차 하지 않는다. 자신이 아무것도 못해야 할머니의 기쁨이 커진다는 사실을 알아버렸기 때문이다. 게다가 할머니를 위해 못하는 척하다보니 이제는 정말 스스로 하는 게 귀찮아져버렸다. 못하는 척 흉내를 내다가 정말 못하는 아이가 되어가고 있었다.

"은별아, 그런데 친구들이 밥 빨리 못 먹는다고 놀리거나 아기 같다고 안 놀아줄 때는 속상하지 않아?"

"속상해요. 그래서 학교 끝나자마자 외할머니 집으로 달려가요. 할머니와 함께 있으면 속상한 마음이 빨리 사라지거든요."

"은별이도 친구들이랑 재미있게 놀고 싶은데 그러지 못해서 속상하겠다."

"네."

"은별이도 친구들이랑 잘 어울려 놀고 싶은 거지?"

"네. 그런데 친구들이 내가 동생 같다고 안 놀아줘요."

은별이도 친구들과 어울려 놀고 싶었다. 그런데 점심도 늦게 먹고, 신발도 빨리 갈아 신지 못하는 은별이와 놀기 위해 기다려주는 친구는 없었다. 초등학교 1학년 아이들에게 친구를 위해 기다려주라는 요구는 무리다. 친구가 없는 은별이는 학교생활이 재미없었고 그럴수록 외할머니가 더욱 그리웠다.

"은별이 외할머니께서는 손녀를 정말 예뻐하시지요? 은별이도 할머니 생각 정말 많이 하던데요."
"제가 뭘요. 저도 일찍 혼자돼서 딸 하나 보고 살았어요. 다행히 은별이 엄마가 공부도 잘했고 좋은 직장도 얻어 잘살고 있으니 좋지요. 요즘 은별이 때문에 딸이 고민이 많아서 걱정이지만요."
"은별이 어머님이 어떤 걱정을 하는지 알고 계신가요?"
"은별이가 또래랑 잘 어울리지 못한다고 걱정하더라고요."
"맞아요. 그러세요."
"왜 그런 거예요? 은별이가 다른 애들을 괴롭히는 것도 아니고, 오히려 너무 착하기만 해서 탈인데."
"친구들이 보기에 은별이가 너무 어리다고 생각하는 것 같아요."
"어려 보이는 게 문제가 되나요? 요즘처럼 너무 약은 아이들이 많은 세상에 은별이처럼 착한 아이가 어디 있다고."
"할머니, 은별이가 학교에서 급식도 가장 늦게 먹고요. 신발을 갈아 신거나 외투를 입는 것까지 느리니까 친구들이 기다려주지 못하는 것 같아요. 빨리 나가서 놀고 싶은데 은별이는 늘 오래 걸리니까요."
"그렇군요."

"아무래도 스스로 해본 적이 많지 않아서, 서툰 것 같아요."

"그건 그래요. 제가 다 해주니까 은별이가 직접 해본 적이 별로 없어요. 아직 어린 게 뭘 하겠나 싶어서 해주기 시작한 게 그만……"

은별이는 할머니가 자기를 위해서 뭔가를 할 때 행복해한다고 느끼고 있었다. 그래서 더 아기 같은 모습을 보였다. 그래야 할머니가 더 좋아하신다고 생각했기 때문이다. 은별이는 할머니의 기쁨을 위해서 스스로 성장하기를 멈췄다. 자기가 성장함으로써 할머니가 느낄 상실감을 알아버린 것이다.

진정한 사랑은 부딪히고 넘어지고 깨지는 법도 알려주는 것

자녀가 스스로 자기 삶을 책임질 수 있는 아이로 자라기를 원한다면, 부딪히고 넘어지며 세상을 배울 기회를 주어야 한다. 그리고 다시 일어날 수 있는 방법을 스스로 터득할 수 있도록 지켜봐줘야 된다. 그런데 그 독립을 가로막는 어른들이 있다. 자녀가 떠나려고 할 때 부모로서의 역할 상실에 심한 고통을 느끼기도 한다. 자신이 더이상 쓸모없다는 공허함을 견디기 어려워, 영원히 부모 품을 떠나지 말라며 매달리는 부모도 있다. 하지만 알아야 한다. 자기만 바라보는 어른이 가 없어 보일 때 아이들은 스스로 성장을 멈추기도 한다는 사실을. 아이의 인생 전체를 대신 살아줄 수 없는 이상, 아이의 성장을 막는 일이 곧 아이의 인생을 막는 일이기도 하다는 사실을.

대신해줄 수는 있어도 대신 살아줄 수는 없다_ 아직 어리니까, 아직 아무것도 모르니까라는 생각에서 아이가 할 일을 대신해주는 어른들이 있다. 아이를 위해서 하는 행동이지만 이것이 아이를 망칠 수 있음을 알아야 한다. 무언가를 대신해줄 수는 있어도 인생을 대신 살아줄 수는 없다. 그렇기에 진정 아이를 위한다면, 스스로 해낼 수 있도록 도와야 한다. 그것이 진정 아이를 위하는 길이다.

사랑받을 행동을 해야
사랑해주는 것 아닌가요?

관심을 쏟지 못하는 엄마, 미운 짓만 골라 하는 아들

초등학교 1학년이라고 소개를 받았지만 믿기지 않을 만큼 준수는 어린아이 같았다. 수줍은 듯 눈을 계속 피했고, 유아어를 사용했다. 작은 키에 야윈 몸집도 또래와는 달랐다. 초등학생이라고 여길 만한 모습은 찾아볼 수가 없었다. 어머니를 먼저 만나는 동안 혼자 기다리는 것도 무척 불안해했다. 밖에서 기다리라고 주의를 줬지만 몇 번이나 상담실로 들어와 엄마가 있는지 확인하곤 했다.

어머니는 준수가 다섯 살이 되던 해에 이혼했고, 그 상처를 이기지 못하고 술에 의존해 잠을 청할 때가 많았다. 어머니가 술에 취해 잠이 들면 준수는 그 옆에 기대어 잠이 들었다. 점심때가 지나서야 일어나는 경우도 많아서 유치원에 가는 날보다 못 가는 날이 더 많았다. 어머니가 술에 취해 못 일어날 때는 준수가 혼자 일어나 밥을 차려 먹기도 했다. 어떤 날은 밥이 없어 과자로 끼니를 때우거나 굶기도 했다.

"선생님, 우리 준수 좀 살려주세요."
어머니의 첫마디는 절박했다.
"제가 늘 술에 취해 있어서 준수를 보살피지 못했어요. 가방만 챙겨서 학교에 보내면 되는 줄 알았는데…… 담임선생님 전화를 받고 정신이 번쩍 들었어요."
학교에서 준수는 전혀 수업에 참여하지 못했다. 수업시간에 혼자 일어나 돌아다니기도 하고, 책상 앞에 앉아 있어도 선생님의 설명에 집중하지 못했다. 간단한 문제를 내줘도 잠시도 고민하지 않고 모른다고 답했다. 모둠이나 집단활동에서의 규칙도 전혀 따르려고 하지 않았다. 학교생활 자체가 불가능한 아이였다.

일부러 미운 짓만 골라 하는 아이

"준수, 안녕. 만나서 반가워."
"……"
반갑게 손을 내밀며 인사를 건넸다. 그러나 준수는 아무 말 없이 내 얼굴만 빤히 쳐다보았다. 첫 만남을 축하하는 기념으로 '피자 만들기' 놀이를 하자고 제안하자, 그제야 의자에 와서 말없이 앉았다. 플라스

틱으로 만든 넓적한 밀가루 반죽 위에 토마토, 햄, 치즈, 피망, 버섯 등을 얹되 균형을 잡아 피자를 완성하는 놀이다. 준수는 토핑을 하나씩 얹을 때마다 균형을 잡으려고 애를 썼다. 그리고 정말 재미있게 놀이를 즐겼다.

"우와! 피자 만들기 놀이 재미있다. 그치? 이제 정리할까요?"
"선생님 거니까 선생님이 정리해!"
준수는 놀이에 사용했던 토핑들을 바닥에 흩어놓으며 명령했다.
"준수도 재미있게 놀았으니까 함께 정리하면 좋겠다. 선생님 좀 도와주지 않을래?"
"싫어. 난 안 해. 선생님이 해."
더이상 같이 정리하자고 말하지 않았다. 준수가 마음을 열 때까지 조금 더 기다려보기로 했다. 준수는 처음 만난 어른을 시험하는 중이었다. 과연 믿을 만한 사람인지 자기 나름대로 확인하고 있는 것이다. 늘 술에 취해 있는 엄마와 단둘이 긴 시간을 보내온 아이였기에 세상과 소통하는 법을 몰랐다. 어른에게 관심과 사랑을 받으며 안전하게 보호받지 못했던 아이다. 신뢰할 만한 어른을 만난 적이 없기 때문에 낯선 어른을 경계하고 적대시하는 것은 당연한 반응이었다.

"선생님은 화 안 내?"
혼자서 바닥에 떨어진 토핑들을 줍고 있을 때, 곁에서 바라보던 준수가 다가와서 말했다.

"오늘은 준수가 정리하고 싶지 않은 거지? 다음엔 함께 정리하자."

"……"

얼굴을 들어보니 준수는 미안한 표정을 짓고 있었다.

사랑받을 만한 행동을 해야 사랑받을 자격이 있다고 생각하는 사람들이 있다. 하지만 어떤 아이는 사랑받을 만한 행동이 무엇인지 모르기도 한다. 안전한 환경에서 충분히 사랑받으며 자란 아이는 자신의 존재 자체가 어른들의 기쁨이라는 사실을 알게 된다. 그렇게 성장한 아이는 높은 자존감을 바탕으로 다른 사람들과 당당하게 관계를 맺을 수 있다.

그러나 심리적·정서적으로 불안정한 부모에게서 양육된 아이는 기본적인 돌봄도 사랑도 받지 못하고 성장하는 경우가 많다. 이런 경우에는 사람들과 세상에 대한 신뢰감을 가지기 어렵다. 충분히 사랑받아본 경험이 부족하면 사랑받고 존중받는 행동의 기준을 모를 가능성도 크다. 때로는 일부러 비난받을 행동을 해서라도 부모의 관심을 끌려고 한다. 무관심보다는 차라리 호통이나 질책을 듣는 편이 낫기 때문이다. 심해지면 자신의 존재 자체를 부정하기도 한다. 미운 행동을 하고 상대가 화를 내면 다시 한번 확신하는 것이다. 자기는 사랑받을 수 없는 아이라고 말이다.

이처럼 스스로를 할퀴는 아이들에게는 교정보다 무조건적인 수용이 도움이 될 때가 많다. 무조건적인 사랑을 경험하게 하는 것이 우선이다. 일단 자신이 사랑받고 있으며, 사랑받을 만큼 소중한 존재라고 인식해야 변화가 가능하기 때문이다.

아이의 산만함은
기질의 문제가 아니라 환경의 문제다

준수는 엄마가 걱정스러워 학교생활을 제대로 할 수 없었다. 보살핌을 받아야 할 어린아이가 도리어 엄마를 걱정해야 한다면, 어느 곳에 있든지 불안할 수밖에 없다. 불안한 아이가 학교에 가서 수업에 집중할 수 있을 리 없다. 머릿속에는 온통 엄마 걱정뿐인데 선생님의 설명이 들릴 리 없다. 마음은 엄마 옆에 두고 몸만 학교에 와 있는 셈이다. 이런 준수를 선생님과 친구들은 산만하고 규칙을 지키지 않는 아이라고 인식하고 있었다. 준수의 사정을 모르니 당연한 일이었지만, 이해받지 못한 아이는 더욱 엇나갈 수밖에 없었다.

"준수야, 학교생활은 어때? 재미있어?"
"아니요."
"왜 재미가 없을까?"
"선생님한테 매일 혼만 나요. 친구들도 안 놀아줘요."
"친구들이 안 놀아줘서 심심하고 속상했겠다."

"피자 만들기 놀이 한 번만 더 하면 안 돼요?"

"피자 만들기 놀이 재미있었구나?"

"네."

"선생님도 재미는 있었는데, 나중에 혼자 정리하기가 좀 힘들었거든……"

"내가 바닥에 피자 재료 막 뿌려서 그렇죠?"

"응. 준수가 정리하는 거 도와주면 더 즐겁게 할 수 있을 것 같은데……"

"알았어요."

준수는 신나게 놀이를 했다. 바닥에 피자 재료를 뿌리지도 않았고 정리하는 것도 도와주었다.

"와, 우리 준수 착하네. 준수가 도와주니까 훨씬 빨리 치웠다."

칭찬받은 준수는 환하게 웃었다. 눈도 잘 맞추지 않았던 아이가 눈을 보며 말하고 상대방의 반응을 살폈다. 미운 행동을 하면서 관심을 유도했던 아이가 사랑받을 행동을 하기 시작했다. 자신이 관심과 사랑을 받고 있다는 믿음이 생기고 있다는 증거였다.

상담이 진행될수록 준수의 상태는 눈에 띄게 좋아졌다. 이제는 어른들에게도 반말을 멈추고 예의바르게 말하기 시작했다. 학교에서도 주의집중이 눈에 띄게 좋아졌다고 선생님이 칭찬했다. 또래와는 아직 잘 어울리지 못하지만 모둠활동을 할 때의 마찰은 거의 줄었다. 그리고 다른 사람에게 관심의 표시를 구체적으로 하고 있다. 과자를 뒤에 숨기고 나타나 깜짝 선물을 하기도 한다. 무엇보다 이제는 활짝 웃는다.

"준수가 많이 밝아졌어요. 이제 저도 정신 차렸고요. 아들 밥 잘 챙기고 술은 안 마시려고 애쓰고 있어요."

준수 어머니도 아들의 산만함이 어머니에 대한 불안감 때문이라는 것을 알고 있다. 그래서 힘든 현실이지만 씩씩하게 견디려 애쓰고 있다. 아들의 정서적 안정을 위해 어머니의 건강한 생활이 중요하다는 사실을 알기 때문이다.

자녀가 산만함을 보인다면 행동의 양상이나 결과만을 문제삼기 전에 반드시 무엇이 정서적인 영향을 크게 미치는지 인적 환경을 점검해야 한다. 부모의 잘못된 생활습관이나 가정환경이 자녀의 정서적 안정을 해치지는 않는지 살펴야 한다. 건강한 부모가 건강한 아이를 만든다. 또래와의 관계 또한 세밀하게 관찰해야 한다. 주의가 산만하다는 이유로 상담실을 찾은 대부분의 아이들은 기질적인 요인보다는 심리적·정서적 불안으로 인한 경우가 많았다.

그러므로 주의집중을 잘하는 자녀를 원한다면 부모의 삶부터 점검해야 한다. 부모 스스로 건강하게 살아갈 때 자녀는 비로소 정서적 안정을 얻을 수 있다. 주변을 살피느라 많은 에너지를 소모하는 아이들은 자신을 위한 긍정적인 에너지를 제대로 쓸 수가 없다. 이미 다른 요소에 자신의 관심과 생각을 쏟아부었기 때문이다.

아이는 어떻게든 관심받고 싶어한다_ 아이가 문제행동을 일삼으면 단순히 반항하기 위한 행동이라고 생각하기 쉽다. 하지만 어른에 대한 불만 때문이 아니라 오히려 어른의 애정과 관심을 받고 싶어 일부러 말썽을 부리는 것일 수 있다. 무관심보다는 차라리 호통과 질책이 낫다고 여기는 것이다. 아이는 어떻게든 관심받고 싶어한다. 누군가의 관심과 애정을 바라는 것은 아이의 본성이다. 그러니 아이가 이유 없이 말썽을 피우고 문제를 일으킬 때는 혹 아이에게 사랑이 부족하지 않았는지 돌이켜볼 필요가 있다.

너는 나처럼 살게 하지 않을 거야
매일 싸우는 부모, 불안에 떠는 아이

초등학교 3학년인 성원이는 칠판 앞에 서 있는 선생님을 향해 나무 막대기를 집어던졌다. 다행히 막대기는 선생님을 스쳐 칠판에 큰 소리를 내며 부딪쳤다. 교실에 있던 아이들도 선생님도 모두 놀라 비명을 질렀다. 순식간에 일어난 일이었다. 어머니가 호출되어 교실에 도착할 때까지도 성원이는 사과하지 않았다. 어머니가 대신 사과를 하고 교실을 나설 수밖에 없었다. 다음날 성원이는 등교하는 대신 상담실로 향했다.

"성원이 어머님 많이 놀라셨지요?"
"친구들을 자주 때려서 여러 번 문제가 됐었는데 이제 선생님한테까지 폭력을 쓰려고 하니 어떻게 해야 할지 정말 모르겠어요."

"친구들을 자주 때렸나요?"

"네. 그래서 다른 엄마들이 우리 성원이와는 못 놀게 해요."

"성원이가 함께 놀 친구가 없어서 많이 속상하고 심심했겠네요."

"그렇죠. 경제적 여유도 별로 없어서 학원에도 못 보내니까, 주로 혼자 놀아요."

"성원이가 언제부터 친구들을 때리기 시작했나요?"

"어릴 때부터 그랬어요. 초등학교에 들어와서는 힘이 생기니까 문제가 더 커지고 있고요."

"혹시 성원이한테 체벌을 하시나요?"

"저도 어릴 때는 많이 때렸어요. 부부싸움한 뒤에 화풀이를 성원이한테 많이 했어요. 그래서 우리 성원이가 폭력적으로 변한 게 아닌가 싶어 마음이 아파요. 이젠 참으려고 애쓰고 있어요."

"부부싸움을 많이 하셨나요?"

"네. 성원이가 어릴 때는 정말 많이 했어요. 지금은 많이 줄었고요."

성원이 부모님은 성원이가 어릴 때부터 부부싸움을 자주 했다. 아버지가 물건을 집어던지면 어머니도 같이 집어던졌다. 욕설이 오가다가 아버지가 구타하는 걸로 싸움이 끝나곤 했다. 아이는 그 상황을 모두 지켜보며 자랐다. 심지어 부모가 던지는 물건에 맞기도 했다.

성원이는 부모가 싸우는 소리를 들으며 성장했다. 자연스럽게 욕을 배우게 되었고 화가 나면 물건을 집어던지고 주변 사람을 때렸다. 이런 성원이를 본 이웃 어른들은 자기 아이들을 단속했다. 절대로 어울리지 못하도록 했다. 성원이 어머니도 이웃 아주머니들과 어울리지 못하고 외톨이로 지냈다. 그래서 남편이 더욱 미웠고, 그런 마음에 한 말은 남편을 자극했고 또 폭력이 되풀이됐다. 이렇게 악순환의 세월을 거친 성원이는 세상을 향한 분노로 가득했다.

엄마에게 욕설을, 아빠에게 폭력을 배운 아이

초등학교 3학년생이라고는 여겨지지 않는 분노에 찬 눈빛. 성원이는 사춘기 청소년에게서도 좀처럼 보기 드문 강한 눈빛을 갖고 있었다.

"성원아, 학교 안 가고 상담실에 오니까 기분이 어때? 속상하지는 않아?"

"좋아요. 어차피 학교에 가도 놀 친구도 없는데요, 뭘."

"성원이 지금 화나는 일 있어?"

"아니요."

"그런데 성원이가 화난 것처럼 보여서."

"원래 그래요."

"원래 그렇다는 말이 무슨 의미인지 잘 모르겠는데, 좀 자세히 설명해줄래?"

"제가 인상이 원래 그렇다고요."

"그래도 선생님은 성원이와 좀더 편안하게 이야기하고 싶어. 첫 만남을 기념하는 게임 한판 하고 다시 이야기하면 어떨까?"

"좋아요."

"성원이가 좋아하는 게임 한번 골라볼래?"

게임을 고르는 성원이의 눈빛에는 이글거리는 분노가 없었다. 잠시 후 성원이는 평소에 하고 싶었다며 '할리갈리' 게임을 골라왔다.

"이 게임 해본 적 있어?"

"아니요. 해본 적은 없는데 친구들이 하는 거 본 적은 있어요."

"어디에서?"

"교실에서요."

"그런데 왜 못 해봤어?"

"친구들이 안 시켜주거든요."

"친구들이 안 시켜주면 화가 나지는 않아?"

"화가 나죠. 그래서 친구들 많이 때렸어요. 발로 차기도 하고요."

"그러면 어떻게 돼?"

"친구 엄마들이 교실에 찾아오고 담임은 또 나를 혼내죠."

"그런 일이 자주 일어나?"

"학기초에는 거의 매일 그랬어요. 그랬더니 담임이 대놓고 나만 미워해요. 무조건 내가 문제래요."

"가끔 억울하거나 화가 날 때도 있었겠다."

"엊그제 일도 그래서 일어난 거예요."

"교실에서 담임선생님께 나무막대기 던졌던 일 말이야?"

"네. 점심시간에 한 친구가 굵은 나뭇가지를 주워왔더라고요. 한번 보자고 했는데 싫다는 거예요. 그래서 빼앗았죠. 마침 그때 담임이 본 거예요."

"담임선생님이 뭐라고 하셨는데?"

"'이제는 나무막대기로 친구 때리려고? 어쩌다 저런 애가 우리 반에 왔는지 정말 골치 아파' 하며 계속 뭐라고 하는 거예요. 내 말은 들으려고 하지도 않고요."

"성원이 말은 들어주지 않고 계속 비난만 하시니까 속상하기도 했겠다. 그래서 어떻게 했어?"

"빡쳐서 집어던졌지요."

"선생님을 향해서 던진 거야?"

"네. 선생님을 향해서 던졌어요."

"선생님이 맞을 수도 있다고는 생각 안 했어?"

"던지고 막대기가 칠판에 맞아서 큰 소리가 날 때 정신이 들었어요. 안 맞아서 다행이다 생각했고요. 그래도 사과하고 싶지는 않았어요."

성원이는 세상을 향해 강하게 분노하고 있었다. 스스로 조절하기가 어려울 정도의 분노를 자주 느꼈고, 그때마다 누군가를 향해 폭력을 휘둘렀다. 또래관계는 물론이고 다른 사람들과 원만한 관계 맺기가 어려웠다. 피해의식은 점점 더 커졌고 스스로 분노를 조절할 수 없는 상황에 이르렀다. 전문의의 도움을 받는 것이 좋겠다는 판단에 성원이를 병원으로 안내했다.

무엇이 고작 초등학교 3학년인 성원이를 그토록 분노하게 만들었을까? 성원이는 세상에 태어난 순간부터 폭력에 노출된 아이였다. 사랑의 언어를 배워야 할 때 욕을 먼저 들었다. 자연스럽게 배운 욕은 나쁜 아이라는 꼬리표를 달아주었고, 친구들을 사귈 수 없게 되었다. 가정폭력은 멈추지 않았고 세상에서 만나는 모든 사람들은 자기를 미워한다고 생각하며 분노를 키웠다. 어릴 때부터 부모의 싸움을 지켜보며 불안정한 환경에서 자란 아이의 정서는 불안할 수밖에 없다. 재민이 역시 그랬다.

"엄마 아빠가 이혼하게 될까봐 무서워요"

"너는 나처럼 살게 하지 않을 거야."

술이 덜 깬 재민이 어머니는 초등학교 4학년인 아들을 향해 자주 이렇게 말한다. 어젯밤에도 재민이 어머니는 술에 취해 들어왔고 아버지와 싸웠다. 서로 물건을 집어던졌고 욕설이 오갔다. 언성이 점점 높아지다가 결국 아버지는 어머니를 때렸다. 그런 날이 1년 이상 계속되고 있다.

그렇게 싸우고 난 다음날에도 어머니는 반드시 확인을 한다. 바로 전날 풀어놓은 재민이의 문제집을 채점하는 것이다. 그리고 틀린 수만큼 재민이를 때린다. 그녀는 어떤 일이 있어도 재민이를 잘 키우겠다고 다짐하며 힘들게 식당을 운영하고 있다. 자신이 고생하는 것도, 아들을 좋은 학원에 보내지 못하는 것도 남편의 무능함 때문이라며 원망하면서.

아무리 고되어도 아들의 공부를 포기할 수는 없었다. 자신이 이토록 어렵게 살아가는 이유가 공부를 제대로 안 했기 때문이라고 믿기 때문이다. 그녀는 아들만큼은 좋은 대학을 나와서 멋지게 살아갈 수 있기를 바랐다. 그 희망으로 힘든 하루하루를 견디고 있었다. 그런데……

"재민이가 너무 산만해요. 수업시간에 집중을 못할 뿐 아니라 친구들까지 건드려요. 다른 학부모들의 항의가 빗발치네요."

담임선생님에게서 걸려온 전화는 재민이 어머니를 주저앉게 만들었다. 재민이 어머니에게 재민이는 그냥 아들이 아니었다. 삶의 목표이자 모든 것이었다. 잘생기고 착한 아들, 게다가 공부까지 잘하는 아들이 있어 살아갈 수 있었다. 그런데 그런 아들이 문제아로 찍히다니…… 삶의 희망을 잃은 어머니는 어찌할 바를 몰랐다.

"최근에 애 말수가 좀 줄었어요. 표정도 어둡고요. 그저 사춘기가 좀 빨리 온 거겠지 생각했어요. 그런데 수업시간에 전혀 집중을 못한다네요. 어쩜 좋아요? 담임선생님은 ADHD가 아닌지 병원에 한번 가보라고 하시는데……"

눈물범벅이 된 어머니는 말을 잇지 못했다.

"산만하다고 모두 ADHD는 아니에요. 어릴 때는 괜찮았는데 최근에 문제가 불거진 거라면 더욱 아닙니다. 재민이가 ADHD라면 유치원 다닐 때부터 문제가 됐을 거니까요."

어머니를 안심시키고 재민이를 만났다. 실제로 보니 재민이는 ADHD 진단을 받을 아이가 아니었다. 3학년 때까지는 수업태도가 좋다는 칭찬만 들었던 아이였다. 4학년이 되면서 갑자기 수업태도가 나빠졌다면 두 가지 이유 중 하나일 가능성이 높았다. 학습의 난도가 부담스럽거나 환경의 변화가 주는 심리적인 요인 때문이다.

"재민이 잘생겼네. 학교에서 인기 많지?"

"아니요."

"이렇게 잘생긴 친구가 인기가 없다니, 못 믿겠는데?"

"애들이 저 싫어해요."

"왜? 그럴 만한 이유가 있어?"

"제가 수업시간에 애들 귀찮게 하거든요."

"어떻게?"

"선생님이 뒤돌아서 있거나 안 볼 때면 옆자리 친구한테 말 걸고 건드려요."

"수업이 재미없어?"

"네."

"수업내용이 어려워서?"

"아니요. 집에서 만날 문제집 푸는데요, 뭐."

"재민이가 수업에 집중 못 할 이유가 있는 것 같은데, 이야기해줄 수 있어?"

"……"

잠시 망설이던 재민이는 부모에 대해 말하기 시작했다.

"엄마 아빠가 이혼할까봐 무서워요. 매일 싸워요. 욕하고 물건 집어 던지고. 아빠가 엄마 때릴 때도 있어요. 학교에 가도 계속 생각이 나요. 생각 안 하려고 친구 건드리는 거예요. 그런데 친구가 짜증내고 선생님한테 혼나고……"

재민이는 수업시간에도 전날 밤 부모님이 싸우는 장면이 자꾸 떠올라서 집중할 수 없었다고 했다. 그것이 아이의 집중력이 떨어진 결정적 이유였다.

아이의 미래는 부모의 현재가 만든다

어머니에게 재민이는 특별한 아들이었다. 남편과 한집에 살고는 있지만 거의 남남처럼 지내고 있었다. 재민이를 생각해 간신히 부부 사이를 유지하고 있을 뿐이었다. 어머니의 마음속에는 오로지 재민이만 있었다. 잘 키우고 싶어서 힘들어도 재민이 뒷바라지에 최선을 다해 공부도 열심히 시켰다.

아이 역시 그런 마음을 아는지 3학년이 될 때까지는 엄마가 시키는 대로 공부도 열심히 했다. 틀리는 수만큼 맞아야 하는 부담이 있었지만, 대부분 백점을 받았기 때문에 맞는 일이 많지는 않았다. 공부를 잘하는 재민이에게 백점을 받는 것이 그리 어렵지 않았다. 하지만 4학년이 되자 공부가 만만치 않아졌다. 엄마는 맞아야 공부를 더 열심히 한다고 했고 아빠는 몇 문제 틀렸다고 때리는 건 말이 안 된다고 하며 매일 부딪쳤다.

부부싸움이 끝나면 엄마는 더욱 강하게 재민이를 압박했다. 매일 채점과 처벌이 반복되면서 집안은 편할 날이 없었다. 이렇게 긴장된 날들이 계속되면서 부부싸움의 강도도 세졌다. 매일 싸우는 부모님, 매 맞는 엄마, 그리고 때리는 아빠. 재민이는 부부싸움의 원인이 언제나 자신 때문이라는 사실에 괴로웠다. 자신이 공부를 잘하면 부모님 사이가 좋아질 수도 있다는 기대를 하기도 했다. 그러나 생각만큼 집중하기가 어려웠다. 교실에 앉아 있어도 부모님의 싸우는 모습이 떠올라 괴로웠다.

가족이 한자리에 모이기만 하면 불안했다. 또 언제 싸움이 벌어질지 몰라 안절부절못했다. 부모님은 아무 생각도 하지 말고 공부만 열심히 하라고 하셨다. 하지만 정서적 안정을 주기는커녕 불안감만 제공하는 가정에서 재민이는 공부에 집중할 수가 없었다. 언제나 마음을 놓을 수 없는 상황의 연속이었다.

재민이에게는 비싼 장난감을 사주는 아빠가 있다. 따로 불러내 맛있는 걸 사주는 엄마도 있다. 그런데 가족이 함께했던 행복한 추억은 없다. 아빠한테 짜증내는 엄마, 그리고 엄마를 때리는 아빠지만 재민이는 가족이 함께 행복해질 수 있기를 무엇보다 원하고 있었다. 아이의 바람은 돈 잘 쓰는 부모가 아니라 사이좋은 부모였다. 사실은 재민이의 부모도 같은 꿈을 꾸고 있었다.

가족이 모두 상담을 받기로 했다. 아빠도 엄마도 아들을 위한 일이라면 기꺼이 하겠다고 다짐하며 힘을 냈다. 서로 애정이 없는 듯 대했지만 사실은 다시 행복한 부부생활을 할 수 있는 사랑의 불씨가 남아 있었다. 관계를 되돌리고 싶어했고, 다시 행복한 가정을 만들고 싶어 했다. 아들이 간절히 원하는 행복한 가정은 부모의 꿈이기도 했다. 아들이 그리는 행복 지도는 부모의 새로운 목표가 되었고, 아들과 함께 할 수 있었기에 열심히 노력할 수 있었다.

부부는 먼저 언어습관을 바꿔야 했다. 10년이 넘는 세월을 '네 탓이야'를 외치며 살다가 '당신 덕분에'로 바꾸는 일은 결코 쉽지 않았다. 그러나 열심히 연습했다. 상대가 애쓰는 모습에 서로 감동을 받기도 했고, 언어가 바뀌면서 상대방에 대한 생각도 달라졌다. 원망스럽기만 했는데 생각해보니 감사할 일도 있더라며 웃기도 했다. 상대방 때문에 고통이 커졌다고 여겼고 그 아픔을 생각하며 상대방을 더욱 미워하며 살았던 부부. 그래서 만나지 말았어야 할 악연이라며 서로를 향해 원망과 저주의 말을 퍼부으며 살았던 부부였다.

그러나 이제 서로에게서 감사할 부분을 찾으려고 애쓴다. 밉기만 하던 사람에게서 장점이 보이기 시작한다. 비로소 내가 준 상처 때문에 많이 아팠을 배우자가 보인다. 그리고 더는 상처를 입히지 않으려고 조심하며, 긍정적인 언어를 사용하려고 노력한다. 이렇듯 부부가 서로 사랑하게 되면 자녀의 정서적 안정은 '패키지'로 따라오게 된다. 화목한 가정의 아이는 쉽게 불안을 느끼지 않는다.

재민이는 상담 초기에 행복지수를 자가 진단하며 25점이라고 말했다. 그러나 부모의 변화된 모습을 지켜보면서 행복지수가 80점으로 올라왔다. 학교생활도 조금씩 활기를 찾아갔다. 수업시간에 집중하게 되면서 옆 친구를 건드릴 필요도 없게 되었다. 그러니 쓸데없는 마찰도 없었다.

드디어 학교생활이 안정되기 시작했다. 학교생활이 긍정적으로 변화하자 칭찬을 받는 기회도 늘었고 친구들도 조금씩 인정하기 시작했다. 이런 재민이의 변화된 모습을 보며 온 가족이 함께 웃을 수 있었다.

부부가 서로 사랑하는 행복한 가정이 될 때, 자녀는 정서적 안정을 얻을 수 있다. 정서적 안정이 전제될 때 바람직한 일에 에너지를 집중할 수 있다. 자녀가 공부도 열심히 하고 행복한 삶을 살아가기를 원하는 부모라면 먼저 배우자를 사랑해야 한다. 부부가 서로 사랑하고 긍정적인 대화를 나누며 자녀를 향해 한목소리를 낼 때, 자녀는 행복한 미래를 꿈꾸며 현재를 열심히 살 수 있다.

아이는 생각만큼 그리 어리지 않다_ 자녀를 마냥 어리다고 생각하는 부모는 아이가 받는 상처에 둔감하기 쉽다. 즉 아이가 어려서 집안에서 벌어지는 일을 잘 모른다고 생각한다. 하지만 아이는 생각만큼 어리지 않다. 구체적으로는 모르더라도 집에 흐르는 냉랭한 기류나 불안한 공기를 쉽게 느낀다. 그리고 불안해한다. 원인과 상황을 정확히 모르기 때문에 더욱 두려워하고, 앞으로 벌어질 일에 대해 심각하게 고민하기도 한다. 아직 어리니까 잘 모를 거란 생각으로, 아이 앞에서 생각 없이 말하거나 행동하는 일은 금물이다. 자신도 모르게 아이에게 크나큰 짐을 얹어줄 수 있기 때문이다.

아빠는 아빠대로, 엄마는 엄마대로
아이 교육을 놓고 충돌하는 부모, 혼란스러운 아이

지연이는 초등학교 입학을 몇 개월 앞둔 일곱 살 여자아이다. 다섯 살 때까지는 맞벌이하는 부모의 사정으로 외가에서 양육되었다. 주말에만 딸을 봐서 속상했던 어머니는 지연이가 유치원을 들어가면서 직장을 그만두었다. 딸을 잘 키우겠다는 생각으로 사직서를 냈지만 쉬운 일은 아니었다. 하지만 남편은 그런 그를 지지하기는커녕 비난했다.

처음 유치원에 갔을 때 지연이는 선생님 말에 집중하지 않아 혼자만 어떤 일들을 제대로 수행하지 못하곤 했다. 자기 일보다는 다른 친구들이 하는 일에 이런저런 참견을 해서 친구들이 짜증내는 일이 많았다. 그래서 선생님의 지적을 받는 일이 잦았다. 어머니는 딸이 유치원에 적응하는 중인데 교사들이 너무 과민하게 반응한다고 생각해 남편에게 속상한 마음을 전했다. 그런데 남편의 반응은 차가울 만큼 냉

정했다.

　남편은 딸의 기본적인 생활습관이나 집단 규칙 따르기, 학습태도 등 전반적인 유치원생활에 문제가 있다고 보았다. 어머니는 남편의 매정한 태도에 서운했고, 이후 딸에 대한 부정적인 이야기는 전달하지 않았다. 설사 지연이가 실수하거나 잘못을 저질러도 매사에 딸의 행동을 두둔했다. 그럴수록 남편은 더욱 딸의 잘못을 지적했고 엄하게 꾸짖었다. 부부는 하나뿐인 딸 때문에 잦은 의견충돌을 겪었다.

　"선생님, 아직 어린 유치원생이 어른들이 하라는 대로 다 따를 수 있으면 학교는 왜 있나요? 애 아빠는 지연이를 초등학생처럼 대해요. 어찌나 애를 윽박지르는지 불쌍해서 볼 수가 없어요. 누가 보면 내가 데려온 자식인 줄 알겠어요."

　지연이 어머니는 상담실에 들어오자마자 남편을 향한 강한 불만을 드러냈다.

　"곧 학교에 가야 할 애를 언제까지 오냐오냐 다 받아줄 거야? 되고 안 되고의 기준은 있어야지!"

　지연이 아버지도 아내를 향해 못마땅한 시선을 보내기는 마찬가지였다.

　"두 분은 지연이의 어떤 점이 가장 염려되어 상담을 신청하시게 됐나요?"

　"유치원에서 선생님 말에 집중을 잘 안 하고, 남의 일에 참견하느라 자기 과제를 제대로 못한대요. 그러니 친구들이 지연이를 별로 안 좋아하나봐요. 애가 많이 속상해해요."

지연이 어머니의 말에 아버지도 말을 이었다.

"아직 한글도 제대로 모르는데 공부를 안 하려고 해요. 바르게 앉기보다는 엎드려 있으려고 하고, 그걸 또 애 엄마는 상관없다고 하고요. 정말 갑갑합니다."

부부는 서로에게 못마땅한 감정을 여러 번 드러냈다.

엄마는 감싸고, 아빠는 혼내고, 아이는 헷갈리고

"지연이는 유치원생활 재미있어?"
"아니요. 선생님도 친구들도 저를 안 좋아해요."
"왜 지연이를 안 좋아한다고 생각해?"
"선생님도 화난 목소리로 말하고요. 친구들도 저랑 모둠활동을 하기 싫어해요."
"선생님이 언제 화난 목소리로 말하는지 자세히 말해줄 수 있어?"
"이야기 나누기 시간에도 '똑바로 앉아라' '옆 친구 건드리지 마라'라고 하고, 밥 먹을 때도 '다른 친구들은 잘 먹고 있으니까 신경쓰지 말고 네 밥이나 먹어'라고 해요."
"지연이는 다른 친구들한테 관심이 많은가보다. 친구들이 뭐하나 궁금해서 자꾸 보게 되는구나."

"네."

"그런데 다른 친구들 보고 있으면 선생님 말씀이 잘 들려?"

"아니요. 그래서 혼날 때도 있어요. '또 안 쳐다본다'고 선생님이 혼내요."

"친구들을 쳐다보면서 말도 하니?"

"네. '음식은 골고루 먹어야 돼' '시금치도 먹어' '색칠은 꼼꼼하게 해야지'라고 말해요."

"지연이가 그렇게 말하면 친구들이 뭐라고 해?"

"'너나 잘해'라고 그래요."

"친구한테 그런 말 들으면 속상하겠다."

"네. 그런데 자꾸 하게 돼요."

"친구들이 싫어하는 말인 줄 아는데 왜 자꾸 하게 될까?"

"나도 매일매일 들으니까요. 아빠는 나만 보면 '이래야지 저래야지' 하거든요."

지연이는 바닥에 엎드려서 책 읽고 그림 그리고 간식까지 먹는다. 나쁜 습관이라는 사실을 알면서도 어머니는 모든 걸 허용했다. 어릴 때 떨어져 지내서 사랑을 충분히 주지 못했다는 미안함에 딸이 원하는 것이면 뭐든 해주고 싶었다. 유치원에 다녀온 딸이 거실에 누워 있으면 움직이지 않아도 될 정도로 모든 걸 알아서 대령했다. 엄마와 함께 있으면 지연이는 눕거나 엎드려서도 모든 걸 해결할 수 있었다. 불편한 의자에 바르게 앉을 필요도 없었다. 그럴수록 의자에 앉기가 점점 힘들어졌다.

그렇게 몇 시간을 뒹굴뒹굴 보내다 아버지가 오면 상황은 완전히 달라졌다. 아버지는 지연이의 일거수일투족을 주시하며 잘못을 지적했다. 지연이는 책상에 바르게 앉아서 책을 읽고 글씨를 써야 했고, 식탁에 앉아서 식사를 했다. '글씨가 엉망이다' '글자 순서는 왜 그 모양이냐' '색칠은 좀더 꼼꼼하게 해야지' '바르게 앉아야지' 등 잔소리가 끝없이 이어졌다.

지연이처럼 부모의 양육태도가 일관되지 않을 때 아이들은 심한 혼란상태에 놓이게 된다. 자녀가 어릴수록 관대한 부모에게서는 편안함을 느끼고, 그렇지 않은 부모에게서는 적대감을 느끼는 경우가 많다. 점점 자라면서 어느 편에 설 것인가를 놓고 갈등할 수도 있고, 그로 인해 심하게 눈치보는 아이로 성장할 수도 있다. 자연스럽게 편을 만들고 비밀이 생기며 가족 내에서 왕따를 시키기도 한다. 이런 분위기는 자녀가 사춘기를 보낼 때 무서운 폭풍으로 이어져 걷잡을 수 없는 상황을 초래할 수도 있다. 자신의 편이 아닌 부모에 대한 분노와 반항이 심각해지는 상황이다.

자녀양육의 첫번째 조건, 기준 정하기

"부모님은 지연이가 어떤 아이로 성장하길 원하세요?"

"그야 행복한 아이로 자라게 해야지요."

두 사람이 한목소리를 냈다.

"지연이가 행복한 아이로 성장하려면 먼저 두 분이 한목소리를 내야 합니다."

"한목소리를 내려면 어떻게 해야 하지요?"

"가정에서 지연이에게 허용할 행동과 허용하지 않을 행동에 대해서 분명한 기준을 먼저 정하세요. 지연이한테도 이를 정확히 인지시키고, 문서화해서 온 가족이 잘 볼 수 있는 곳에 붙여두세요. 부모의 감정에 따라 기준이 달라지지 않도록 정확히 정리하는 것이 필요합니다. 그래야 지연이도 바람직한 행동기준을 빨리 습득할 수 있고요."

"어디서부터 시작해야 할지 잘 모르겠어요."

"지연이와 관련해서 의견충돌이 잦았던 부분부터 의논해보세요. 어떤 것이 있을까요?"

"지연이의 자세 때문에 가장 충돌이 많았어요. 누워서 책 읽고, 글씨 쓰고, 간식까지 먹는 걸 애 엄마가 모두 허용해요."

"아버님의 불만에 대해서 어머님은 어떻게 생각하세요?"

"저도 지연이의 자세는 문제라고 생각해요. 그런데 지연이 아빠가 워낙 애를 잡으니까 가엾어서 더 아기처럼 대하게 돼요."

"그러니까 어머님 말씀은 아버님의 태도가 달라지면 어머님도 바꿀 수 있다는 것으로 들리는데, 맞나요?"

"네. 남편이 워낙 애한테 무섭게 하니까 저라도 예뻐해줘야지 했던 점도 있어요."

"아버님 생각은 어떠세요?"

"저도 지연이 엄마가 너무 아기 취급하니까 나까지 그러면 안 될 것 같아서 더 엄하게 대했어요."

"그럼 지금부터 두 분이 지연이의 행동기준을 정하세요. 그런데 한 가지 당부드리고 싶은 말씀은, 엄한 행동기준이 잘 지켜지려면 반드시 부모의 사랑과 격려가 우선되어야 하다는 사실입니다. 작은 행동에도 넘치는 칭찬과 관심을 가져줄 때 바람직한 행동이 강화되어 지연이를 변화시킬 수 있습니다."

"네. 잘 알겠습니다."

자식이 행복하게 잘 자라길 바라는 마음이 큰 나머지 배우자의 양육태도를 못마땅하게 생각하는 부모가 많다. 그럴 때는 반드시 부부가 먼저 충분한 대화를 통해서 자녀의 행동기준을 합의해야 한다. 그러지 않으면 아이는 어느 쪽의 기준에 따라야 할지 몰라 혼란스러워진다. 때로 배우자한테 느끼는 불만을 자녀에게 푸는 경우도 있는데 아이의 정서에 부정적인 영향을 끼치기 십상이다. 그러다 눈치만 살피는 아이가 될 수 있고 이런 아이는 어떤 장소와 어떤 과제를 만나도 주의집중하기가 어렵다.

　지연이의 부모는 배우자의 양육태도에 대한 불만을 자녀에게 그대로 드러냈다. 부부가 서로 생각을 나누며 양육의 기준을 정한 것이 아니라 각자의 생각대로 자녀에게 요구했다. 허용되는 것과 허용되지 않는 것의 명확한 기준이 없으면 아이들은 혼란스러울 수밖에 없다. 어디에도 제대로 집중하지 못하는 아이가 되기 쉽고 자기 조절능력에도 나쁜 영향을 미치게 된다. 조금 불편하고 어렵더라도 일관된 기준을 정해 바람직한 행동을 습득해가도록 돕는 과정이 필요하다. 그래야 또래와의 집단활동에서도 규칙을 지키고 잘 어울리는 아이로 자랄 수 있다.

　일관된 행동기준을 세운 후에도 바람직한 행동이 익숙해지기까지는 기다림이 필요하다. 시간이 걸리더라도 익숙해지는 과정에서 발생하는 문제에 대해서는 비난하지 말아야 한다. 시행착오를 겪고 있는 아이에게 왜 제대로 따라오지 못하냐고 질책하면, 아이는 위축되기 십상이다. 의지도 꺾이고 의욕도 사그라질 수 있다.

　바람직한 행동기준을 아이들이 잘 볼 수 있는 곳에 붙여두고, 자신의 잘못된 행동을 스스로 찾고 고치도록 도와야 한다. 그래야 계속해서 바람직한 행동을 할 뿐만 아니라 다른 친구들의 활동에 참견하고 지적하는 행동을 멈추게 된다. 지적받으며 자란 아이들은 다른 사람들을 볼 때도 지적할 거리만 찾게 되는 경우가 많다.

아빠는 엄하게, 엄마는 다정하게? 자녀를 대할 땐 일관된 기준이 필요하다_ 부모가 동일한 행동기준을 제시할 때 자녀는 그 기준 안에서 오히려 정서적 안정을 느낀다. 처음에는 행동기준을 정한다는 것이 조금 불편하게 느껴질 수도 있다. 그러나 일관되게 허용되는 것과 그렇지 않은 것의 기준이 명확하면 차차 익숙해진다.

집단생활에서의 규칙 따르기도 마찬가지다. 일관된 기준이 있는 가정에서 성장한 아이는 집단생활에서의 약속이나 규칙이 이미 익숙하기에 자연스럽게 적응할 수 있다. 그러나 일관된 행동기준 없이 부모가 각자 다른 것을 요구하면 아이는 누구의 기준에도 익숙해질 수 없어 혼란스러울 뿐이다.

3장

아이의 엉킨 마음을
풀어주는 법

이기는 법만큼
잘 지는 법도 중요하다
반칙을 일삼는 아이를 바로잡는 행동기준

담임선생님께 '늘 반칙을 하고 따지기 좋아하는 아이'라는 평가를 받은 승규는 초등학교 2학년 남자아이다. 부모가 맞벌이를 하는 탓에 주로 외할머니가 양육하고 있다. 외할머니는 손자를 돌보는 게 힘들다. 승규에게 여러 번 말해도 듣지 않아 결국엔 소리를 지르거나 짜증을 낼 때가 많기 때문이다. 승규 아버지도 아들을 많이 염려했다. 그러나 어머니는 생각이 좀 달랐다. 승규의 행동을 초등학교 저학년 남자아이라면 누구나 그럴 수 있는 자연스러운 모습이라고 여겨 다른 가족과 갈등이 잦았다. 그래서 승규는 어머니가 퇴근할 시간만 기다린다. 아버지나 외할머니와는 소통할 의지도 없으니 당연히 어떤 교감도 이뤄지지 않는다.

이기려고만 하는 아이 옆에는
아무도 오지 않는다

"승규가 외아들인가요? 아버님까지 함께 오신 걸 보니까 관심이 특별한 것 같은데요?"

"네. 일하느라 하나만 낳았어요."

"승규가 사랑을 많이 받고 자라겠네요."

"그렇지도 않아요. 아빠도 외할머니도 승규를 못마땅해하거든요."

승규 어머니는 남편을 흘겨보았다.

"어머님이 직장에 가시면 외할머니가 주로 돌보시나요?"

"네. 장모님이 힘들어하세요. 승규가 도대체 말을 안 듣거든요."

"선생님, 요즘 애들이 어디 어른 무서운 줄 아나요? 어느 집이나 애들이 어른들 머리 위에 앉아 있지. 그런데 승규 아빠는 절대로 그걸 그냥 못 넘겨요."

"애들이 어른 머리 위에 앉아 있는 게 잘하는 짓이라는 거야?"

승규 아버지는 어머니의 말에 짜증을 내며 눈살을 찌푸렸다.

"두 분이 승규에 대한 시각이 많이 다르시군요?"

"네. 도대체 지금이 조선시대인 줄 안다니까요. 정말 답답해요."

"혹시 승규 앞에서도 이렇게 시각차를 나타내시나요?"

"자주 싸워요. 모든 싸움은 승규 때문에 시작되지요."

"오늘 상담은 어떻게 오시게 됐나요?"

"담임선생님이 너무 힘들어하시니까 신청은 했는데 꼭 필요한지 솔직히 잘 모르겠어요."

어머니는 승규가 상담을 받아야 할 아이라고 생각하지 않았다.

"저는 생각이 좀 달라요. 이제 겨우 2학년인데 무조건 이기려고만 하고 어른들 말을 순순히 따르는 법이 없으니, 앞으로 어떻게 될지 정말 걱정스러워요. 벌써 친구들이 대놓고 싫어한다고 들었어요."

승규의 부모는 자녀양육에 대해 서로 다른 가치관을 가지고 있었다. 자식을 사랑하는 마음은 다르지 않겠지만 양육방식은 많이 달랐다. 버릇없는 아이로 자라지 않기를 바라며 강압적으로 통제하는 아버지와 지나치게 허용적인 어머니 사이에서 승규는 올바른 행동기준을 배우지 못하고 심한 혼란 속에서 성장했다. 행동기준이 보호자와 상황에 따라 달라진다면 자녀는 바른 가치관을 정립하지 못하여 심하게 눈치를 보거나 자신이 원하는 것만을 추구하게 될 수 있다. 그렇게 되면 가족 간에도 편을 가르고 적대감을 나타내는 대상이 생기기도 한다. 부모가 동일한 행동기준과 가치관을 가지고 자녀를 양육하며 사랑을 충분히 표현할 때 자녀는 정서적으로 안정돼 다른 사람들과도 안정적인 관계를 맺을 수 있다. 그리고 규칙을 잘 지키며 자신의 행동에 책임을 지는 아이로 성장할 수 있다. 하지만 반대의 경우엔 산만하고 불안정한 아이로 크기 쉽다.

맞벌이 부부 중엔 승규의 어머니처럼 자녀에게 소홀한 점이 많다는 미안함에 일정한 기준 없이 허용적인 태도를 보이는 경우가 많다. 자녀가 버릇없이 행동하고 규칙을 잘 지키지 않아도 못 본 척 넘어간다. 고가의 물건을 사달라고 요구해도 무조건 사준다. 올바르지 못한 행동을 지적하거나 요구를 거절하면 자녀의 기를 죽인다고 생각하기 때문이다. 그렇게 자녀가 원하는 것을 모두 들어줄 때 자존감이 높은 아이로 자란다고 믿기도 한다.

그러나 자존감은 자녀가 원하는 것을 모두 해줄 때 생기는 것이 아니다. 자신이 가치 있고 사랑스럽고 소중한 존재라고 스스로 믿는 자존감은, 자기만 생각하는 태도가 아닌 남을 배려하는 건강한 관계를 통해 키워진다. 자신의 행동이 또래에게 받아들여지지 않는다는 경험을 한 자녀가 어떻게 자존감이 높은 아이로 성장할 수 있겠는가?

모든 것을 원하는 대로 할 수 있는 아이 중에는 기다리거나 지는 일을 지나치다 싶을 정도로 참지 못하는 경우도 많다. 결핍을 전혀 경험하지 못한 아이들이 또래관계에서 참고 기다리며 지는 것을 받아들이기란 결코 쉽지 않다. 순서를 잘 지키지도 않고 무조건 이기려고만 하는 아이와 누가 함께 놀고 싶어할까. 자녀의 기를 죽이지 않고 자신감을 심어주고자 했던 부모의 의도와는 다르게, 함께 놀아줄 친구가 없는 아이는 오히려 위축되고 자신감을 잃는 경우가 많다. 무조건 이기려고만 하는 아이 옆에는 결국 아무도 남지 않게 된다. 그리고 혼자 남은 아이는 더욱 광폭해지기 쉽다.

의무감으로 아이를 대하지 마라

"승규야, 만나서 반가워."

"여기 있는 게임 다 해도 돼요?"

"승규는 게임을 좋아하는구나?"

"완전 좋아해요. 제가 다 이겨요."

"다 이길 수 있다고?"

"우리집엔 없는 게임이 거의 없어요."

"집에 게임이 그렇게 많아?"

"네. 제가 말만 하면 엄마가 다 사줘요."

승규 어머니는 아들이 원하는 게임을 사주는 것으로 아들에 대한 미안한 마음을 스스로 위로하고 있었다.

"게임은 누구랑 해? 승규는 외동이라고 들었는데."

"주로 엄마랑 해요. 가끔 아빠랑도 하고요. 엄마랑 하는 게 더 재미있긴 하지만요."

"엄마랑 하는 게 왜 더 재미있어?"

"제가 늘 엄마를 이기니까요."

"게임을 늘 이기는 특별한 비법이라도 있어?"

"네. 표시 안 나게 반칙을 하면 돼요."

"아빠랑 할 때도 반칙해?"

"반칙하면 죽죠. 그러니까 못 해요."

"승규는 반칙을 해서라도 게임을 이기고 싶구나?"

"당연하죠. 게임은 이겨야 맛이죠."

승규는 엄마와 함께 게임하는 상황을 즐기기보다는 승부에 더 큰 의미를 두고 있었다. 엄마와 함께하는 게임 자체에는 특별히 즐거움을 못 느꼈다. 아이는 대상이나 게임과정과는 상관없이 이겼을 때의 희열만을 추구하고 있었다. 결과에만 관심을 두느라 과정의 즐거움을 놓치고 있었다.

"친구들이랑 게임할 때도 반칙해?"

"그럼요. 애들은 대부분 제가 반칙하는지 잘 몰라요."

"대부분 모른다는 말은 아는 친구도 있다는 말이야?"

"네. 그래서 걔들은 나랑 안 하려고 해요."

"승규랑 친하게 지내는 친구들은 몇 명이나 있어?"

"별로 없어요. 한 명."

"승규랑 친한 친구가 왜 한 명밖에 없을까?"

"내가 항상 이기니까 같이 놀기 싫어해요."

승규도 알고 있었다. 규칙을 제대로 지키지 않고 반칙을 해서라도 이기려고만 하는 자신을 친구들이 싫어한다는 사실을 말이다. 그러나 태도를 고치려고 하기보다는 새로운 게임을 가져가서 친구들의 관심을 끌려고만 했다. 학기초에는 다양한 게임을 가져오는 승규에게 친구들이 하나둘 다가와 관심을 표했다. 그러다 점점 시간이 지나면 지나치게 승부에 집착하는 승규와는 놀지 않겠다는 친구들이 늘어났다. 그래서 승규는 늘 새로운 게임이 필요했다. 친구들의 흥미를 끌 만한 것이 있어야 그나마 잠시라도 친구들과 어울릴 수 있기 때문이다.

"어머니께서 승규랑 게임을 자주 하신다고 들었어요."
"네. 애가 워낙 게임을 좋아해서요."
"그런데 승규가 규칙을 잘 지키나요?"
"아니요. 반칙을 할 때도 있어요."
"그럴 때는 어떻게 하세요?"
"모른 척하고 넘어가지요. 이기면 애가 얼마나 좋아하는데요. 애 이겨서 뭐하겠어요?"
"저래서 승규가 대놓고 반칙을 한다니까."
승규 아버지는 못마땅한 표정으로 어머니를 쳐다보며 말했다.
"승규가 새 게임을 자꾸 사달라고 하는 진짜 이유가 뭐라고 생각하세요?"
"그야 혼자다보니 놀아줄 사람도 없고, 그래서 자꾸 새로운 게임을 사려는 거 아닐까요?"
"네. 그런 마음도 있을 거예요. 그런데 진짜 이유는 친구들의 관심을 끌기 위해서예요."
"친구들한테 관심받기 위해 새로운 게임을 사달라고 했다고요?"

"네. 승규가 이기려고만 하다보니 친구들이 점점 멀어진 거지요. 그 친구들의 관심을 다시 받기 위해서는 또다른 새로운 게임이 필요했고요."

어머니는 승규가 놀 친구가 없어 심심하다고 할 때마다 죄책감이 들었다. 자신이 직장에 나가고 없으니까 집에 친구들을 데리고 올 수도 없고, 그래서 친구 사귀기가 더 힘들 거라고 생각했다. 아들에게 미안한 마음을 비싼 장난감을 사주거나 게임에 져주는 것으로 대신했다. 승규가 게임과정을 충분히 즐길 수 있도록 놀아주지 못했다. 의무감에 함께 게임을 하긴 했지만 빨리 끝내고 쉬고 싶었다. 승규 어머니도 아들과 함께하는 게임 자체를 즐긴 것은 아니었다. 이런 일련의 상황들이 아이에게서 진정한 즐거움을 깨달을 수 있는 기회를 박탈했다.

"승규가 친구들과 잘 어울리게 하려면 어떻게 해야 할까요? 친구가 없어서 걱정이에요."

"먼저 승규가 규칙을 잘 지키려고 노력해야 합니다. 그건 약속이니까요. 반칙을 하면서까지 이기려고만 하는 아이와 즐겁게 놀아줄 친구는 없습니다."

"우리가 어떻게 행동해야 승규가 규칙을 잘 지키는 아이가 될 수 있을까요?"

규칙을 제대로 지키지 않는 태도가 또래관계에서 어떤 악영향을 미치는지를 알게 된 어머니는 다급해졌다. 걱정스러운 눈빛으로 남편을 바라보고 있었다.

원하는 것을 들어주는 데도
분명한 기준이 필요하다

"먼저 말씀드린 것처럼 가정 내의 일관된 규칙을 정하고, 규칙을 준수하는 태도를 칭찬하셔야 합니다. 그리고 규칙을 잘 지키면서 게임을 하는 것이 얼마나 즐거운지 강조하면서 정말 즐겁게 게임을 해보세요. 억지로 의무감으로 시작해서 빨리 끝나기를 바라며 대충 함께 하시면 안 돼요. 진심으로 어울려주세요. 졌을 때 상대방의 승리를 진정으로 축하해주는 모습을 먼저 보여주는 것도 필요하고요. 이렇게 가족과 함께 게임과정 자체의 즐거움을 경험하게 되면 자연스럽게 변화가 나타납니다."

"정말 달라질까요?"

"네. 반드시 달라집니다. 승규가 해야 할 바람직한 행동기준을 어른들이 한목소리로 일관되게 나타내기만 하면 됩니다. 그리고 정말 재미있게 놀아주세요. 노는 과정 자체가 즐거움이 될 수 있도록 말입니다. 그래야 지나치게 승부에 집착하지 않는 아이가 됩니다. 놀이 그 자체로 충분히 만족하면 승부에 덜 집착하게 되니까요. 승규는 아직 과정의 즐거움을 경험한 적이 없는 것 같아요."

마지막으로 가족이 서로 비난하는 말을 하지 않아야 한다는 당부를 덧붙였다. 자녀 앞에서 남편은 아내를, 그리고 아내는 남편을 서로 비난하며 상대방을 탓해서는 안 된다. 특히 외할머니를 무시하거나 비난하는 말은 절대 금물이라고 강조했다. 어른의 권위를 인정하는 모범을 먼저 보여주어야 부모의 권위를, 나아가서는 교사의 권위를 인정하는 아이가 될 수 있다.

승규의 어머니처럼 자식이 원하는 것이라면 뭐든 해주는 부모가 많은 세상이지만, 아이를 위한 일에도 분명한 기준은 가지고 있어야 한다. 내 자녀를 위한다고 하는 행동이 아이가 원만한 친구관계를 맺는 데 오히려 걸림돌이 되고 있지는 않는지 점검할 필요가 있다. 단순한 게임에서부터 학교생활 전반에 걸쳐 규칙을 잘 지키고 다른 사람을 배려하며 상대방의 처지에서 생각할 수 있는 공감능력을 갖춘 아이는, 또래와 다른 사람들에게서 긍정적인 피드백을 받는다. 긍정적인 피드백을 받으면서 성장한 아이는 다른 사람들과의 관계뿐만 아니라 생활 전반에 걸쳐 자신감을 가질 수 있고 자존감이 높은 아이로 자랄 수 있다.

내 자녀가 다른 사람들과의 관계 속에서 진정한 행복을 느끼며 살아가기를 바란다면, 과정 자체를 즐길 것을 강조하자. 다른 사람들과 어울리는 과정에서 의미를 찾고 더불어 즐길 줄 알며 다른 사람을 공감하고 배려할 수 있는 여유로움은 가족과의 일상생활 중에 자연스럽게 익혀지는 것이다.

결과의 성취감보다 과정의 즐거움을 알려주자_ 가정에서부터 규칙을 지키는 연습이 필요하다. 부모가 충분히 의논하여 결정한 일관된 규칙이어야 한다. 그리고 규칙이 모두 지켜지기까지 기다리지 말고 과정 과정마다 칭찬과 격려를 아끼지 않아야 한다. 작은 목표행동을 이루어가는 과정에서 칭찬과 격려를 받으면 결과보다는 과정 자체를 즐길 줄 아는 여유 있는 아이로 성장할 수 있다. 과정을 즐길 줄 아는 아이는 승부욕이 앞서서 반칙을 하거나 게임에 졌다고 화를 내며 억지부리는 행동을 결코 하지 않는다.

"안 돼"가 거짓말을 낳는다
아이 스스로 깨닫게 하는 '울타리 밖 교육'

민수는 엄마 품을 떠나 갓 초등학교에 입학한 남자아이다. 그런데 친구의 돈을 훔치는 등 문제행동을 일삼는 탓에 상담을 받게 되었다. 이전까지 민수는 부모의 특별한 관심과 사랑을 받으며 자란 평범한 아이였다. 부모에게는 그저 말 잘 듣는 착한 아들이었다. 아빠가 짜준 계획대로 하루 일과를 성실하게 보냈고, 엄마가 준비한 건강에 좋은 음식을 투정 없이 먹었다. 길거리 포장마차에서 파는 떡볶이와 붕어빵이 맛있어 보인 적은 있었지만 한번도 사달라고 떼쓰지 않았다. 늘 건강에 좋은 엄마표 간식만을 먹고 자랐다.

초등학교 앞을 조금만 벗어나면 먹음직스러워 보이는 다양한 과자와 길거리표 먹거리가 아이들을 유혹한다. 친구들은 아무렇지 않게 사서 맛있게 먹곤 했다. 하지만 민수는 불량식품을 먹으면 건강에 해롭다는 엄마의 말이 생각나서 애써 외면했다. 그런데 시간이 지나면서 불량식품을 사 먹는 친구가 조금씩 부러워졌다. 친구한테 애원해서 한입 얻어먹으면 꿀맛이었다. 용기를 내서 엄마에게 말했다. 그러나 왜 불량식품을 먹으면 안 되는지에 대해서 긴 훈계를 들을 뿐이었다. 엄마한테 허락받는 건 불가능하다고 생각했다. 하지만 먹고 싶은 마음은 좀처럼 사라지지 않았다. 친구의 가방을 대신 들어주며 조금씩 얻어먹었지만, 늘 성에 차지 않았다. 겨우 한입 주면서 으스대는 친구가 얄밉기도 했다.

그러던 어느 날 교실에서 친구의 가방에 천 원짜리 지폐가 들어 있는 것을 우연히 보게 되었다. 친구는 화장실에 갔고 주위의 친구들은 다들 시끄럽게 떠들며 놀고 있었다. 민수에게 특별히 관심을 가지는 상황이 아니었다. 불안하긴 했지만 예쁜 색깔의 과자 하나를 혼자 다 먹어보고 싶다는 강한 유혹을 이기지 못하고 민수는 그만 친구의 돈을 제 주머니에 넣고 말았다.

돈이 없어진 것을 안 친구는 선생님에게 도둑맞았다고 알렸다. 학급 친구들은 선생님의 지시로 모두 눈을 감았다. 눈을 감으라고 할 때부터 민수의 가슴은 방망이질하기 시작했다. 무서웠다. 혹시 친구의 돈을 주운 사람이 있으면 조용히 손을 들라는 선생님의 말에 갈등했다. 떨어진 돈을 주웠을 때는 주인에게 돌려주면 된다고 설득할 때는 손을 들어버릴까 망설였다. 그러나 이제 와서 돈을 내놓으면 도둑이라고 놀림을 받을까봐 걱정되었다. 잠시 후 눈을 뜨게 한 선생님은 돈을 잃어버려 속상한 친구를 달래준 후 아무 일도 없었던 것처럼 마무리짓는 듯했다. 민수는 긴 안도의 한숨을 내쉬었다.

그러나 선생님은 다 알고 있었다. 불안하게 주먹을 쥐고 들까 말까 망설이는 민수를 쭉 지켜보고 있었다. 어머니가 학교에 호출되었다. 당황한 어머니는 선생님 앞에서 고개를 들지 못했다. 필요한 것은 모두 가장 좋은 것으로 챙겨주었는데, 아들이 친구의 돈을 훔쳤다는 사실이 믿기지 않았다. 선생님은 조심스럽게 상담을 권유했다. 평소 학급에서도 규칙은 잘 지키지 않고, 부모님한테 혼나는 것에만 마음을 많이 쓰는 아이라고 했다.

엄마 아빠가 세상에서 제일 싫고 무서운 '착한 아들'

"우리 엄마 아빠한테는 말하지 마세요."
"민수가 비밀이 많은가보구나."
"엄마 아빠한테만 비밀이에요."
"왜? 그래야 하는 특별한 이유가 있어?"
"엄마 아빠가 알면 혼나니까요. 아마 맞을걸요."
"엄마 아빠한테 혼날 일이 뭔지 물어봐도 돼?"
"제가 친구 돈을 훔쳤거든요."

"그 돈이 꼭 필요했던 이유가 있었던 것 같은데."

"문방구에서 파는 불량과자 사 먹으려고요."

민수는 친구의 돈을 훔쳤던 일도, 그렇게 한 이유도 편안하게 설명했다. 그런데 부모님은 몰랐으면 좋겠다며 꼭 비밀로 해달라는 부탁을 여러 번 반복했다.

"그 과자가 정말 먹고 싶었구나. 엄마한테 말씀드려보지."

"말씀드렸어요. 근데 안 된대요. 친구한테 한입 얻어먹으려고 해도 얼마나 치사한지 몰라요."

민수는 야속한 엄마와 치사한 친구가 떠오르는지 입을 씰룩거렸다.

"엄마 아빠한테 자주 혼나니?"

"아빠가 하라는 대로 안 하면 혼나요. 매를 맞기도 하고요. 진짜 아파요. 그러니까 싫어도 억지로 참는 수밖에 없어요. 집에 가기도 싫어요. 쉬지도 못 해요. 공부만 시켜요. 세상에서 엄마 아빠가 제일 무서워요. 제일 싫어요."

민수는 첫 만남에서 마음속의 답답함을 쉬지 않고 토해냈다.

민수의 부모님은 자녀를 훌륭하게 잘 키우겠다고 결심하며 부모학교를 다녔고 부모 역할훈련을 받아왔다. '감정에 치우치지 말고, 일관성 있게'를 강조하는 교육이었다. 그런데도 실제로는 부모가 옳다고 생각하는 것을 강요하기만 했다. 자녀의 감정과 생각을 읽어주려고 하지 않았다. 오로지 자녀가 실수하고 헤매느라 허비하는 시간을 줄

여주기 위해서 애썼다. 그리고 부모가 찾아낸 지름길로 빠르게 달려가도록 민수를 채찍질했다.

넓고 편안하기만 한 길은 재미없다

"민수 아버님, 많이 당황스러우시지요?"
"살다가 참 별일을 다 당합니다."
"그런데 담임선생님께서 민수에게 왜 상담을 받아보라고 권하셨는지 생각해보셨어요?"
"그거야 민수가 친구 돈을 훔쳤기 때문 아닌가요?"
"단순히 그 일 때문이라면 선생님의 훈계와 부모 상담으로 마무리가 되었으리라 생각됩니다."
"그럼 무슨 다른 이유라도……?"
"민수가 왜 친구 돈을 가져갔을까요?"
"그게 도대체 이해가 안 돼요. 필요한 건 제일 좋은 걸로 전부 다 사주었는데 말입니다."
"민수가 필요한 걸 사달라고 하나요?"
"초등학교 1학년짜리가 뭐가 필요한지 어떻게 알겠어요?"
"민수가 쓸 물건인데 민수가 원하는 게 뭔지 물어보신 적은 있으신가요?"

"민수가 어떻게 알아요. 제일 좋은 걸로 사다주면 쓰기만 했지."

"아버님, 민수가 학교 앞 문방구에서 파는 과자를 사 먹으려고 친구 돈을 가져갔어요."

민수 아버지는 아들이 문방구에서 파는 과자를 사 먹겠다고 친구의 돈을 훔쳤다는 사실에 크게 놀랐다. 고작 그것 때문에? 몸에 좋지도 않은 색소 덩어리 과자를 말이다.

"아니, 그걸 왜요? 문방구에서 파는 과자는 색소 덩어리예요. 절대 먹으면 안 되지요."

"자기는 먹을 수 없는데 친구들은 먹잖아요. 아버님 말씀처럼 아직 어린데 친구들이 먹는 과자가 얼마나 먹고 싶었을까요? 민수 아버님은 어릴 때 그런 과자 안 드셨어요? 저는 많이 먹었어요."

"저도 어릴 때 많이 먹었지요. 다른 애들도 먹으니까. 그런데 조금 먹다가 맛이 별로라는 걸 알게 돼서 안 먹었던 것 같아요."

민수는 또래가 하는 일은 다 해보고 싶은 아이였다. 그러나 부모가 허락하지 않을 것 같아서 억지로 참는 게 많았다. 자기도 친구들처럼 해보고 싶은데 허락받지 못할 거라는 생각이 들면 아이들은 거짓말을 하기도 한다. 그렇게 해서라도 해보고 싶은 게 아이들이다. 그런데 부모는 아들을 잘 키워야겠다는 생각 때문에 하지 말라고 하는 게 너무 많았다. 행여나 아들이 걸려서 넘어질까봐 염려되는 모든 장애물은 미리 치워주고 넓고 편안한 길로 가도록 안내했다. 그러나 부모가 이끈 길은 재미가 없었다.

부모는 자식에게 좋은 것만 주고 싶어한다. 몸에 좋은 것만 먹이고 싶고, 좋은 것만 보고 느끼게 하고 싶다. 그러나 아이들이 커가면서 또래가 형성되고 그들의 문화가 만들어진다. 또래와 어울려 불량식품도 사 먹고, 여러 가지 장난을 치기도 한다. 어른의 눈으로 보면 공부에도 아무 도움이 안 되고 건강을 해치는 쓸데없는 일이지만 그 또래의 아이들에겐 중요한 관심사일 수 있다. 민수도 마찬가지였다.

친구들은 하는데 자신은 절대로 하면 안 될 것 같은 일을 접하면 실망하고 좌절한다. 조금 더 기다리면 가능할 것 같다고 느껴지면 기다린다. 그러나 기다려도 안 될 거라고 느낄 때는 자신의 행동에 따른 결과를 예측하며 참기보다는 일을 저질러버린다. 친구들에게 사정하며 얻어먹는 과자는 더욱 꿀맛이었기에 친구의 돈이 보이자 강한 유혹을 뿌리치지 못하고 훔치게 된 것이다.

"민수야, 문방구에서 파는 과자가 그렇게 먹고 싶었어?"
"……"
"엄마 아빠한테 사달라고 하지 그랬어."
"안 사줄 거잖아. 엄마한테 말했는데 불량식품은 절대 안 된대."
"정말 먹고 싶다고 한번 더 말해보지."
"그래도 안 사줄 거잖아."

아버지는 아들이 친구의 돈을 훔친 것을 나무라기 이전에 아들의 마음을 먼저 읽어주려고 했다. 이미 민수의 얼굴에는 자신의 행동에 대한 후회와 두려움이 가득했다.

"민수가 정말 하고 싶었던 게 뭐야? 아빠랑 같이 하자."

"정말? 말해도 돼? 학교 앞 포장마차에서 파는 떡볶이 먹어보고 싶었어."

민수는 믿을 수 없다는 듯 아버지를 따라나섰다.

아이들은 어른들의 생각보다 똑똑하다

아버지와 길에서 파는 떡볶이를 함께 먹은 민수는 한 주 뒤 밝아진 모습으로 상담실에 왔다.

"민수 기분좋아 보인다. 아버지와 한 데이트 어땠어?"

"뭐 나쁘진 않았어요. 그래도 아빠 생각하면 답답해요."

"아빠를 떠올리면 왜 답답하다는 생각이 들어?"

"집에 가면 계속 공부해야 돼요. 아빠가 짜준 계획표가 있는데요. 잠시도 쉴 틈이 없어요."

"그러면 언제 쉬어?"

"그러니까 학교에 가서 쉬어요. 선생님은 우리 아빠보다 안 무섭거든요."

민수는 집에서 지나치게 긴장하는 아이였다. 정해진 계획표대로 매일 달려가는 생활에 지쳐 있었다. 대부분의 아이들은 학교에서 집중해서 공부하고 집에서는 몸과 마음의 휴식을 취한다. 그런데 민수는 집에서 무리한 계획표대로 움직이다보니 학교에 가서야 긴장을 풀고 쉴 수밖에 없었다. 아이들이 공부하는 기계가 아닌 이상 방과후에 무리하게 공부하고 다음날 학교에 가서 또 집중하기란 힘들다. 문장완성검사와 간단한 질문지를 통해서 민수의 스트레스 원인과 정도 그리고 행복지수를 파악해 부모님과 이야기를 나누었다.

"민수가 스트레스를 많이 받고 있다고 생각해보셨나요?"

"아니요. 특별히 짜증을 내거나 반항하는 아이가 아니라서……"

"민수를 위해서라면 뭐든 다 해주었는데……"

"민수는 학교나 학원보다 집에서 가장 스트레스를 많이 받는다고 느끼고 있어요."

"행복지수도 장소에 따라 차이가 큰데, 집이 가장 낮아요. 그것도 100점 만점에 25점 정도예요. 학교가 75점인 것과 비교해보면 집에서 느끼는 스트레스 강도가 크다고 볼 수 있어요."

"가장 큰 스트레스 요인이 뭔가요?"

"방과후 집에서 해야 할 학습량이 너무 많다고 느끼고 있어요. 힘들게 과제를 끝내고 나면 또다른 과제가 남아 있으니까 답답하다고 느껴요."

"다른 애들도 비슷하게 한다고 알고 있어요."

"그렇게 억지로 시켜서 하는 공부를 언제까지 계속할 수 있을까요?"

"공부를 해야 한다는 건 누구나 알고 있어요. 당연히 민수도 알고 있고요."

"그렇다면 민수의 생각을 들어보고 함께 학습계획을 짜보는 건 어떨까요?"

"어떻게요?"

"어떤 과목을 얼마나 하는 게 좋을지, 순서는, 휴식시간은 어느 정도가 적당한지 등을 직접 물어보는 거지요. 조금 무리한 계획이라도 자신의 의견이 반영되면 훨씬 더 적극적으로 참여하게 되거든요. 그리고 계획은 계획일 뿐이니까 얼마든지 수정이 가능하다는 것도 알려주시면 좋고요."

"놀겠다고만 하면 어떡해요?"

"2주 정도 놀아보게 하는 것도 방법이에요. 이제 초등학교 1학년이니 많은 시행착오를 경험하는 게 좋아요. 민수에게 꼭 필요한 경험이에요. 그러니 미리 염려하지 마세요. 아이들은 어른이 생각하는 것보다 똑똑해요. 자기의 생각을 물어봐주고 진지하게 들어주는 부모를 결코 실망시키지 않을 테니까요."

"우리 민수도 그럴까요?"

민수와 부모가 한자리에 모여 계획표를 다시 짰다. 민수가 좋아하는 아버지와의 공놀이 시간도 넣고, 가족이 함께 대화하는 시간도 계획에 넣었다. 그렇게 일주일을 지낸 후 계획을 수정하기도 했다. 모두 민수의 의견이 적극 반영되었다. 어른들의 우려와 다르게 민수는 야무지게 공부계획을 세웠다. 부모가 원했던 학습량과 별 차이가 없었지만 자신의 생각을 물어봐주는 부모와 함께 세운 계획이었기에 지키려고 노력했다. 그리고 보다 효율적인 공부방법에 대해서도 생각하게 되었다. 부모가 시키니까 억지로 하는 공부는 한계가 있다. 초등학교 때까지는 다양한 실수를 반복하며 자기에게 맞는 공부법을 찾도록 하는 것이 현명하다.

자녀의 타고난 성격과 행동특성을 고려하여 공부계획을 세우는 것이 무엇보다 중요하다. 학교에서 돌아오자마자 숙제를 끝내는 것이 바람직하다고 생각하는 부모들이 많지만, 아이들에 따라서는 운동을 하며 땀을 흘리고 에너지를 발산한 후에 집중을 잘하는 경우도 많다. 그러므로 부모의 판단기준에 따라 학습계획을 강요하지 말고 자녀에게 가장 잘 맞는 방법을 찾는 과정이 필요하다. 다양한 방법을 시도하면서 가장 효과적인 계획과 방법을 찾도록 해야 한다. 학습목표는 자녀가 열심히 노력하면 달성할 수 있는 목표여야 하고, 스스로 확인하며 성취감을 경험할 수 있도록 구체적이어야 한다.

자녀가 공부를 포함한 전반적인 생활계획을 세울 때, 좁은 울타리를 치고 부모가 보여주고 싶은 것만 보라고 강요하지 말자. 답답한 아이들은 그 울타리를 훌쩍 뛰어넘어버린다. 넓고 안전한 울타리 안에서 자유롭게 뛰어놀며 다양한 경험을 직접 해본 아이들은 자기에게 가장 잘 맞는 방법을 스스로 찾아낼 수 있다. 호기심에 잠시 한눈을 팔 수도 있겠지만 다시 자기 자리로 돌아온다. 거듭 강조하지만 아이들은 어른의 생각보다 현명하고 똑똑하다.

스스로 깨우친 생각이 더 오래간다_ 아이들이 간절히 원하는 욕구가 있을 때는 이를 무시하기보다는 부모와 함께 경험해보는 것이 좋다. 또래와 어울려 몰래 경험하기보다는 부모와 함께하는 과정에서 무엇이 옳고 그른지 판단할 수 있다. 옳고 그른 것에 대한 사회의 기준을 부모의 강요에 의해서가 아니라 경험을 통해서 스스로 배울 수 있다. 직접 깨달은 아이는 스스로 바람직한 것을 선택하게 된다. 그 선택은 칭찬을 끌어내고, 칭찬은 행동을 더욱 강화시켜주면서 자존감이 높은 아이로 성장할 수 있다. 그런데 하지 말라고만 하면 호기심을 이기지 못하고 거짓말을 하거나 남을 속이는 아이로 자라게 되기도 한다. 죄책감을 느끼면서 당당해질 수는 없다는 사실을 명심하자.

크나큰 기대가 아이를 작디작게 만든다
위축된 아이를 응원하는 칭찬훈련

기말고사가 끝나자마자 엄마의 손에 이끌려 상담실을 찾은 보영이는 중학교 1학년생이다.

"보영아, 지금 중학생들 기말고사 기간 아니야?"

"오늘 끝났어요."

"기말고사 끝나자마자 상담실에 온 거야? 친구들이랑 놀 계획도 많았을 텐데."

"그러니까요. 엄마가 워낙 난리를 쳐서요."

"급하게 상담을 받아야 할 일이 뭘까?"

"성적이 안 나와서요. 특히 수학을 망쳤거든요."

"다른 과목들은 괜찮았어?"

"그런대로 봤어요."

"중학교 시험이 초등학교 때와는 많이 다르지? 공부하는 방법도 다르고 시험문제도 훨씬 어렵게 출제되니까 아직은 뭐가 뭔지 잘 모를 수 있지."

"이제 겨우 중간, 기말고사 두 번 봤는데 인생 끝난 것처럼 난리예요."

보영이는 시험이 끝나자마자 상담실에 데리고 온 엄마가 못마땅해서 화가 잔뜩 나 있었고, 어머니는 딸의 시험 결과가 마음에 안 들어서 화가 나 있었다.

"보영이 어머니, 오늘 시험이 끝났는데 보영이가 순순히 상담실에 오겠다고 하던가요?"

"안 오면 어떡해요. 자기가 한 짓이 있는데."

"보영이가 무슨 짓을 했는데요?"

"시험을 그렇게 죽을 쑤었으니 입이 열 개라도 할말이 없지요. 어디든 따라와야지요."

"요즘 보영이처럼 엄마 말에 순종하는 딸 보기 드물어요."

"시험 치르기 전부터 결과가 안 좋으면 상담받기로 약속했어요."

"어머님, 이제 중학교 시험 겨우 맛보기 한 거 아닌가요?"

"초등학교 4학년 성적이 평생을 좌우한다는데······."

"따님에 관해 특별히 걱정되는 부분이라도 있나요? 많이 불안해 보이시네요."

"수학이 안 되니까요. 다른 과목도 아니고 수학을 못하면 수능을 기대할 수 없어요."

보영이 어머니는 중학교 1학년인 딸의 성적을 보고 대학입시를 걱정하고 있었다. 수능을 치르기에 딸의 수학성적이 많이 부족하다는 게 이유였다.

"보영이가 수학을 좋아하지 않나요?"
"초등학교 때는 가까운 학원에 다니며 그런대로 공부를 해서 마음 놓고 있었어요. 그런데 초등학교를 졸업하고 좀더 괜찮은 학원으로 보내려고 배치고사를 봤는데…… 기가 막혀서 말이 안 나오더라고요."
"학원에서 무슨 일이 있었나요?"
"들어갈 반이 없다는 거예요. 선행학습이 너무 안 되어 있어서요. 창피하기도 하고, 화가 나서 참을 수가 있어야지요. 데스크 여직원한테 따졌더니 그 학원은 그렇다네요. 워낙 공부 잘하는 아이들이 오는 학원이라나 뭐라나."
"그래서 다른 학원에 보내셨어요?"
"아니요. 오기가 생기더라고요. 6개월간 열심히 공부시켜서 겨울방학 때 다시 그 학원에 보내야겠다고 생각했지요."
"보영이도 그걸 원했나요?"
"아니요. 공부를 못해서 학원에서도 안 받아준다는데 뭔 할말이 있겠어요?"

그날부터 보영이는 유명한 강사들이 많다는 인터넷 강의 사이트에 연간 회원으로 가입했다.

"인터넷 강의라면 강제성이 없어서 강한 의지가 없으면 계속 공부하기가 힘이 들 텐데요. 보영이가 열심히 잘 따라가던가요?"

"그런 줄 알았지요. 중간고사는 첫 시험이라 그럴 수도 있겠다 싶어 참았고요. 그런데 기말고사까지 그 모양이니 원!"

"이제 어떻게 하실 계획이신가요?"

"글쎄 앞이 캄캄해서요. 답답한 마음에 상담을 왔어요."

어머니가 아무리 답답해해도 공부는 결국 보영이가 하는 것이다. 그렇기에 보영이의 의지가 가장 중요할 수밖에 없다. 다시 보영이의 생각을 들어보기로 했다.

"보영아, 어머니께서 수학성적 때문에 걱정을 많이 하고 계시네."

"네. 알고 있어요."

"보영이 생각은 어때? 지금 하고 있는 공부방식이 마음에 들어?"

"아니요."

"뭐가 마음에 안 드는지 좀더 구체적으로 말해줄 수 있어?"

"인강(인터넷 강의)은 저랑 안 맞아요. 궁금한 걸 바로 물어볼 수도 없고요. 모르는 문제도 학습방에 들어가 올려놓으면 한참 뒤에야 답이 올라오고요. 언제 기다리고 있어요? 짜증나서 안 물어보게 되고, 그러면 모르는 채로 넘어가고, 그러니까 점점 더 어려워지죠."

"강의를 열심히 듣기는 했어?"

"아니요. 처음에는 열심히 들어보려고 했는데요. 점점 듣기가 싫었어요."

"그래서 어떻게 했어?"

"비싼 거니까 열심히 들으라고 엄마가 잔소리하는 게 듣기 싫어서 틀어놓고 딴짓했어요."

"보영이가 원하는 공부방법이 있어?"

"다른 친구들처럼 소그룹으로 하는 수학학원에 보내주면 좋겠어요. 그러면 바로바로 궁금한 것도 물어볼 수 있을 것 같고요."

"네 생각이 그러면 어머니께 말씀드려보지 그랬어?"

"우리 엄마는요, 겨울방학 때 다시 그 학원에 보낸다고 하는데 저는 그 학원에 절대 못 들어가요."

"왜 그렇게 생각해?"

"과고(과학고등학교) 준비하는 애들이랑 전교에서 손에 꼽히는 애들만 다니는 학원이거든요."

"그런데 왜 어머니는 그 학원에 꼭 보내려고 하시는 걸까?"

"뻔하죠. 공부 잘하는 애들이 많이 다니는 학원이니까 그 학원에만 들어가면 공부를 잘할 거라고 착각하는 거지요."

"그러니까 보영이는 그 학원에 들어가겠다는 생각이 처음부터 없었구나? 그런데 왜 배치고사를 봤어?"

"안 보면 엄마가 난리치니까요. 그 학원은 수학을 잘 가르치는 학원이 아니고요. 수학을 잘하는 아이들이 가는 학원이라고요."

보영이는 처음부터 어머니가 원하는 학원에 갈 생각이 없었다. 자기한테 맞는 소그룹 형태의 학원을 원했다. 친구들에게 정보를 얻어 원하는 학원을 정했으나 어머니는 딸의 생각에 관심이 없었다. 어머니가 결정한 공부방법은 자신과 맞지 않는다고 생각하며 보영이는 한 학기를 그렇게 보냈다. 성적은 계속 떨어졌다.

"결국은 아버지를 실망시키는 아들이 될 수밖에 없을 거예요"

부모의 지나친 기대로 힘겨워하는 아이는 또 있었다. 진욱이는 성적도 상위권이고 친구관계도 좋은 모범적인 중학교 2학년 남학생이다. 초등학교 때 공부를 잘했기 때문에 부모는 중학교에 진학해서도 당연히 성적이 좋을 것이라고 기대했다. 입학 후 처음 치른 중간고사에서 진욱이는 학급 석차 7등을 했다. 나쁘지 않은 성적이었다. 아이들의 기준으로 보면 분명 '상위권'이었다. 그러나 진욱이 부모의 기준은 달랐다. 세 손가락 안에 들지 않으면 공부 잘하는 아이가 아니었다.

그때부터 아버지는 아들을 특별히 관리하기 시작했다. 명문대를 나와서도 만만치 않은 곳이 사회인데 그 성적으로는 서울에 있는 대학에도 진학하기 어렵다는 게 아버지의 생각이었다. 아버지의 경험을 바탕으로 운동계획과 공부계획이 세워졌다. 무조건 따르라고 명령했다. 아이 역시 바쁜 아버지가 자기를 위해 시간을 내서 짜준 계획표니까 가능하면 지키고 싶었다. 그러나 시간이 지나면서 계획대로 지키기가 쉽지 않다는 사실을 깨달았다.

아버지는 퇴근하자마자 가장 먼저 아들 방으로 와서 그날의 학습량을 모두 마쳤는지 확인했다. 그리고 부족한 부분만을 호되게 나무라곤 했다. 진욱이는 차츰 아버지의 퇴근시간을 두려워하기 시작했다. 계속 불안하게 시계만 보게 됐다. 계획된 학습목표를 채우지 못하는 날이 늘어갔다. 그에 따라 아버지가 화를 내는 강도도 점점 세졌다. 맞기도 했다.

급기야 진욱이는 손톱을 물어뜯기 시작했고, 성적은 조금씩 떨어졌다. 결국 진욱이의 부모님은 중3이 되기 전에 뭔가 대책을 세워야 한다는 절박함에 상담실을 찾게 되었다.

"진욱아, 학교생활은 어때? 재미있어?"
"네."
"남학생들은 학교에서 뭐하고 놀아?"
"축구도 하고 농구도 하고요."
친구와 학교생활에 대해서 이야기를 할 때까지는 진욱이의 표정은 밝았다. 그런데 가족에 대해서 질문하기 시작하자 손톱을 물어뜯기 시작했다.

"진욱이가 갑자기 불안한 것처럼 느껴지는데, 맞니?"

"네."

"특별히 불편하게 느끼는 가족이 있어?"

"아버지요. 아무리 노력해도 우리 아버지 기대를 절대 채워줄 수 없을 것 같아요. 결국 전…… 아버지를 실망시키는 아들이 될 수밖에 없을 거예요."

"아버지를 실망시킬까봐 걱정스러운 거로구나."

"네. 아무리 열심히 노력해도 늘 부족한 부분만 지적당해요."

"열심히 노력했는데도 지적만 받으면 기운이 빠지겠다. 속상하기도 하고."

"네. 그래서 성적이 안 나오면 어떡하지 하는 걱정과 불안 때문에 공부를 못 할 때도 있어요."

초등학교 때 공부를 잘했던 아이들도 중학교에 진학하면 낯선 환경과 늘어난 학습량으로 힘들어한다. 그런데 여기에 부모의 불안이 더해져서 강도 높은 압박이 가해지면 심리적으로 더욱 불안해진다. 이로 인해 아이들은 산만해지고 시험 불안이 생기며, 때로는 틱 증상을 보이기도 한다. 진욱이도 점점 집중하기가 힘들어지고 실패에 대한 두려움이 커지고 있었다. 열심히 노력해도 부족한 부분만 지적하는 아버지 앞에서는 늘 죄인이 될 수밖에 없었다. 아버지 앞에 서 있는 진욱이는 점점 더 작아지고 있었다.

"진욱이가 요즘 아이들 같지 않게 참 의젓하네요. 생각도 깊고 다른 사람들 배려할 줄도 아는 멋진 아이로 잘 키우셨네요."

"내 아들이지만 착하고 성실한 아이입니다. 여태껏 공부 외에는 다른 일로 우리를 속상하게 한 적이 없는 아이지요."

"이 이야기를 진욱이가 들었으면 좋아하겠네요. 아버지한테 칭찬받고 싶은 아이거든요. 직접 그렇게 말해주신 적 있으세요?"

"아니요. 그런 걸 뭘 말로 합니까?"

"진욱이가 아버지를 실망시켜드리지 않으려고 많이 애쓰는 거 알고 계셨어요? 세상 누구보다 아버지에게서 인정받고 싶은 아들이에요. 지금도 아버지를 실망시킬지도 모른다는 불안감에 공부에 집중할 수가 없대요."

"……"

아버지는 아무 말이 없었다.

"지금 진욱이한테는 가족, 특히 아버지의 지지와 격려가 필요합니다. 못한다고 비난하기보다는 잘하는 모습을 칭찬해주세요. 명령하지 말고 아들의 생각을 물어봐주시고요. 아들의 생각에 관심을 가지고 믿고 기다리면 절대 실망시키지 않을 거예요."

"제 아들이지만 기특할 때가 많았어요. 그런데 당연하게 여기고 칭찬하지 않았어요. 눈에 거슬리는 부분만 혼냈지요. 그래야 강하게 잘 큰다고 생각했어요."

칭찬만큼 큰 응원은 없다

　정서적인 안정이 우선되어야 집중해서 공부할 수 있고, 그래야 성적 향상을 기대할 수 있다. 진욱이의 정서적 안정을 위해서는 아버지의 태도가 바뀌어야 했다. 열심히 애쓴 부분은 칭찬해줘야 하고, 부족한 부분은 지적하거나 비난하는 대신 개선방안을 스스로 찾을 수 있도록 믿고 기다려주어야 한다. 그리고 원하는 목표를 이루어가는 과정, 노력하는 모습 그대로를 칭찬하고 인정해주어야 한다. 공부계획도 일방적으로 강요해서는 효과적이지 않을 가능성이 높다. 진욱이 스스로의 생각과 의지에 의해서 목표 달성을 해나갈 수 있는 구체적인 계획이 되어야 한다.

　진욱이는 계획표를 다시 짜기로 했다. 학습량을 잘게 쪼개서 성취도를 확인할 수 있도록 구체적인 목표를 정했다. 그리고 어머니는 아버지가 퇴근하기 전에 진욱이가 칭찬받을 일을 문자 메시지로 미리 보냈다. 그러면 아버지는 아들을 불러 구체적으로 칭찬했다. 중학생인 아들에게 칭찬하는 게 어색했지만 아들을 위해 아버지는 열심히 노력했다.

　사실 아버지도 진욱이가 어릴 때는 귀여워하며 사랑한다는 표현도 자주 했다. 하지만 아들이 크면서 버릇이 없어지지는 않을까 염려됐고 남자답게 씩씩하게 키워야겠다는 생각에 긍정적인 말은 하지 않았다. 대견한 모습을 보일 때면 '역시 내 아들이야!' 하며 마음속으로만 흐뭇해했다. 아들은 강하게 키워야 한다는 생각에 엄하게 대했고 가끔 매를 들기도 했다. 하지만 진욱이는 매일 화내는 아버지를 보며 자기가 못나서 그렇다는 자괴감을 느끼게 되었다.

초등학교 고학년이 되면서부터 아버지에게 칭찬이라고는 들어본 적이 없었기에 칭찬받는 진욱이도 칭찬하는 아버지만큼이나 처음에는 어색해했다. 그러나 시간이 지나면서 구체적으로 칭찬하는 습관이 들자 아버지는 아들이 더 멋져 보이기 시작했다. 예전에는 아들이 못마땅해 집에서 뭐하는 거냐며 아내에게도 자주 화를 냈다. 하지만 아들을 칭찬하면서 가정이 행복해지기 시작했다. 부부 사이가 회복되었고, 웃음이 살아나기 시작했다. 아들을 따뜻하게 안아주기도 했고, 퇴근길에 케이크를 사 들고 오기도 했다.

이제 진욱이는 아버지의 퇴근시간을 기다리는 아들이 되었다. 얼마 전까지도 아버지의 퇴근시간이 가까워오면 자기도 모르게 손톱을 깨물며 불안해했지만 이제는 편안하게 아버지를 기다릴 수 있다. 아버지의 마음이 달라진 게 아니었다. 예전에도 지금도 진욱이를 사랑하는 아버지의 마음은 똑같다. 다만 아버지가 자신의 마음을 아들이 알 수 있도록 표현했을 뿐이었다. 아들의 멋진 모습을 구체적으로 칭찬하고 격려하는 과정에서 진욱이의 장점은 더욱 키워질 수 있었고, 부모의 격려를 받으며 정서적 안정을 얻은 진욱이는 긍정적인 에너지를 모두 학업에 쏟을 수 있게 되었다.

단점과 장점은 동전의 앞뒷면이다_ 우리도 진욱이의 아버지처럼 자녀를 위한다고 생각하면서 부족한 점만 지적하고 있지는 않은지 돌아볼 필요가 있다. 아이들은 누구나 장단점을 동시에 가지고 있다. 그 장단점은 결국 그 실체가 같을 때가 많다. 보는 사람의 시각에 따라 장점으로도 단점으로도 보일 수 있다는 것이다. 예를 들면 활동량이 많은 아이들의 행동특성에 대해서도 산만하다는 부정적인 평가와 적극적이고 에너지가 넘친다는 긍정적인 평가가 동시에 이뤄지기도 한다. 어떤 시각으로 바라보느냐에 따라 개선해야 할 문제행동이 되기도 하지만, 긍정적인 에너지로 활용하면 멋진 장점이 될 수 있다. 그러므로 자녀의 장점을 찾아 칭찬하는 연습을 먼저 하자.

짐작하지 말고 질문하자
말하지 못한 아이의 마음을 들어주는 법

또래만큼 야무지지 않다고 부모가 걱정하는 초등학교 5학년생 예나. 하지만 다른 사람들의 마음을 잘 읽고 배려할 줄 아는 착하고 예쁜 아이다.

저학년 때는 친구들과 잘 어울려 지내며 학교생활을 즐겁게 할 수 있었다. 그런데 고학년이 될수록 친구들과 사이좋게 잘 지내는 게 쉬운 일이 아니었다. 반 친구들은 아무도 예나의 말을 들어주지 않았다. 그래서 예나는 늘 외톨이로 지내야만 했다.

고학년이 되면서 부모의 걱정도 커져갔다. 어릴 때는 안쓰러운 마음에 이해하고 넘어갔던 행동이 자꾸 거슬리기 시작했다. 제 나이에 맞지 않는 유치한 행동을 할 때는 화가 나기도 했다. 걱정스러운 마음에 예나의 행동을 지적하게 됐고 예나가 현명한 판단을 할 수 있도록 돕는다는 생각으로 바람직한 행동만을 강요하게 되었다. 점차 예나는 말수가 줄어들었고 비밀은 조금씩 늘어갔다.

언제부턴가 예나의 가방 속에서 납작한 일회용 종이컵이 여러 개씩 나오기 시작했다. 처음에는 무심코 지나쳤던 어머니도 지저분하게 구겨진 채 가방 속에 들어 있는 종이컵이 마음에 걸렸다. 학교에서 가져온 종이컵이라는 사실을 알게 된 어머니는 학교 물건을 함부로 가져오면 안 된다며 야단을 쳤다. 그리고 다시는 가져오지 말라고 예나를 나무랐다. 한동안 가방에서 종이컵은 나오지 않았다. 그런데 눈에 잘 띄지 않는 구석구석에서 구겨진 종이컵이 다시 발견되었다. 이후로도 예나는 종이컵을 숨겼고 엄마가 이를 찾아내는 숨바꼭질은 계속되었다.

"종이컵을 왜 지저분하게 가방 속에 넣어 다니는지 모르겠어요! 하지 말라고 말을 해도 안 들으니 계속 혼낼 수도 없고, 그렇다고 그냥 넘어갈 수도 없고 정말 답답해요."

어머니는 하소연을 했다.

"예나에게 이유를 물어보셨어요? 엄마에게 혼날 줄 알면서도 종이컵을 챙기는 걸 보면 이유가 있을 것 같은데."

어머니의 눈이 휘둥그레졌다.

"이유를 몰라 속상해하면서도 예나에게 물어볼 생각은 못했어요. 남의 물건을 가져오는 건 옳지 않으니까 다시는 그러지 말라고 야단만 쳤어요."

아이의 모든 행동에는 그 나름의 이유가 있다

"예나야, 왜 종이컵을 몇 개씩이나 가방에 넣어 다녀? 특별한 이유가 있을 것 같은데, 말해줄 수 있어?"

"물을 마시고 싶었는데 종이컵이 없었어요."

예나는 학교 복도에 있는 정수기 옆에 꽂혀 있어야 할 종이컵이 없어서 갈증을 참아야 했던 경험이 여러 번 있었다. 그런데 어느 날 물을 마시러 갔는데 남자아이 몇 명이 정수기 옆에 꽂혀 있는 종이컵을 여러 장씩 꺼내서 던지며 장난을 치고 있었다. 그래서였는지 종이컵은 남아 있지 않았다. 그날 이후 예나는 다음을 위해서 미리 챙겨두기 시작했다.

수업이 끝날 때마다 10분의 쉬는 시간은 하루에도 여러 번씩 찾아왔다. 예나에겐 너무 긴 시간이었다. 삼삼오오 모여 깔깔깔 웃고 떠드는 친구들에게는 짧은 시간이다. 하지만 아무도 말을 걸어주지 않는 예나에게는 10분이 너무 길게 느껴졌다. 그래서 쉬는 시간만 되면 정수기로 향했다. 그리고 줄을 서서 물을 한잔 마시고 다시 교실로 돌아오곤 했다. 납작하게 접힌 일회용 종이컵 몇 장이 예나에겐 꼭 필요했다. 쉬는 시간은 하루에도 여러 번 찾아왔고, 그 시간마다 정수기를 찾아가 줄 서서 기다렸다가 물을 마시고 돌아와야 했기 때문이다. 쉬는 시간마다 예나가 뭘 하는지 아는 사람은 아무도 없었다. 누구도 예나에게 관심을 가지지 않았다.

"예나야, 미안해. 엄만 그런 줄도 모르고 너한테 화만 냈어."

엄마에게 혼나면서도 종이컵을 사수해야 했던 딸의 딱한 사정을 알게 된 어머니는 한동안 말을 잇지 못했다. 이유를 물어보지도 않고 화만 냈던 자신의 행동이 너무 미안하다며 딸에게 사과했다.

"예나야, 앞으로 종이컵은 어떻게 하면 좋을까?"

"나만의 컵을 가지고 다니면 될 것 같아요. 집에서 물병을 가지고 와서 편하게 마시면 돼요."

밝은 표정으로 예나가 해결책을 내놓았다. 예나를 보며 어머니도 흐뭇한 표정을 지었다. 그리고 앞으로는 예나의 생각을 물어보는 엄마가 되겠다는 약속을 했다. 늘 부족한 딸에 대한 염려로 불안하기만 했던, 그래서 때로는 딸이 밉기까지 했던 어머니였다. 쉽지는 않겠지만 딸의 생각을 물어보는 엄마가 되기 위해 노력해야겠다는 다짐을 했다.

예나는 어른들에게 큰 깨달음을 주었다. 모든 행동에는 나름대로 이유가 있고, 믿고 기다리면 아이 스스로 해답을 찾을 수 있다는 사실을 알게 해주었다. 예나가 살아가는 동안 힘든 일이 계속 생길 수도 있다. 그러나 딸의 생각을 물어봐주고 스스로 답을 찾도록 기다려주는 가족이 함께한다면 오늘보다 한층 더 성장하는 예나를 기대할 수 있을 것이다.

어른은 아이들이 보여주는 행동의 결과에만 관심을 가진다. 그것이 바람직하지 않다고 판단될 때는 무조건 잘못된 행동이라고 비난하며 야단부터 친다. 그런 행동을 할 만한 이유가 무엇인지는 생각하지도 않기에 당연히 물어보지도 않는다. 이유를 말해도 변명이나 말대꾸를 한다고 여길 때가 많다. 다그치듯 몰아붙이면서 "요즘 애들은 도대체 자기 생각이 없어" 하며 답답해하지 말고, "너는 어떻게 생각해? 네 생각이 궁금해" 하며 자주 물어봐주는 건 어떨까.

아무도 내 말을 못 알아들어 답답한 아이

소희는 청각장애를 가지고 태어난 일곱 살 여자아이다. 네 살 때 인공와우이식수술(달팽이관, 즉 와우관에 전극을 삽입하는 시술로 청신경을 전기적으로 자극하여 소리의 인지를 돕고자 고안된 최첨단 이식술)을 받고 보청기를 할 때까지 아무 소리도 듣지 못하고 살았다. 소희는 가족의 사랑을 받으며 안전하게 잘 자랐다. 그러나 가족과 언어로 소통하지 못하면서 하나둘 어려움이 생기기 시작했다. 가족은 아무리 노력해도 소희가 무엇을 원하는지 알아차릴 수가 없어 답답했고, 소희는 소희 나름으로 더욱 힘이 들었다. 번번이 자기의 욕구가 좌절되자 소희는 화를 내기 시작했다. 손짓으로 소리로 열심히 표현했지만 제대로 알아듣는 사람이 없자 자주 울고 떼쓰며 물건을 집어던지기도 했다.

상담실을 찾은 소희는 무표정했다. 그러나 눈으로는 열심히 낯선 곳을 탐색하고 있었다. 아마도 낯선 장소와 사람에 대한 두려움 때문이 아닐까 짐작했다. 모든 감각을 집중하며 소희를 만났다. 시선이 어디에 머무는지와 표정의 민감한 변화를 읽었다. 편안함을 느낄 수 있도록 눈높이를 맞추고 마주앉아 눈빛을 살폈다. 소희의 눈빛은 자신이 원하는 것을 정확히 말해주고 있었다. 하고 싶은지, 하기 싫은지, 갖고 싶은지, 다른 놀이를 원하는지 등의 감정과 생각이 눈빛으로 전달됐다. 소희가 원하는 게 무엇인지 짐작되면 정확한 문장으로 다시 표현해주며 확인했다. 이런 과정이 몇 번 반복되면서 신뢰감이 쌓였다. 소희가 원하는 것이 이것이었느냐고 정리해서 물어보면 환하게 웃으며 고개를 끄덕였다.

소희는 유치원에서 친구들이 자신에게 어떻게 했는지 고자질하듯 말하기 시작했다. 얼굴을 꼬집었다고도 했고 밀쳤다고도 했다. 고자질은 소희와 내가 이미 특별한 관계로 발전했다는 신호였다. 소희는 나를 특별한 자기편이라고 생각하고 있었다. "이놈들! 혼내주러 가야겠다" 하며 큰 소리로 화내는 표정을 지으면 재미있다는 듯 환한 표정으로 깔깔 웃었다.

어느 날은 배를 만지며 아픈 표정을 지었다. "배 아파?"라고 걱정하며 물어보자 "아파"라고 답해주었다. 소희의 목소리를 처음 들은 날이었다. 그날부터 병원놀이가 시작되었다. 소희는 환자가 되었다. 눈, 코, 입, 배, 발 그리고 배꼽까지 신체부위에 '아파'를 붙이며 놀았다.

어디가 아파도 눈에 띌 정도로 큰 흰 반창고를 붙여주었다. 반창고를 붙이며 "어디 아파요?"라고 물어보면 소희는 열심히 소리를 냈다. 반창고를 떼면서 "어디 아팠어요?"라고 다시 물어보면 소희도 다시 대답을 해주었다. 자신의 발성에 집중하고 관심을 가지며 기뻐하는 상담사를 보며 소희는 점점 표정이 밝아졌다. 정확히 발성할 수 있는 단어는 몇 개 되지 않았지만 자신의 욕구가 상대방에게 받아들여진다고 느끼면서 소통하려는 의지가 생겼다. 자신의 욕구에 민감하게 반응하는 대상이 생기자 짜증을 내거나 물건을 집어던지는 등의 문제행동이 급격히 감소했다.

 소희가 이 세상에서 즐거움을 함께 나누며 살아가려면 다른 사람들이 먼저 소희의 말에 귀기울여야 한다. 소희가 원하는 것이 무엇인지 물어봐주어야 하고, 원하는 것을 민감하게 알아차릴 수 있어야 한다. 그러기 위해서는 특별히 집중하며 애정을 가지고 대화해야 한다. 특히 개인적인 어려움을 가진 사람들과 대화할 때는 말뿐만 아니라 상대방이 온몸을 통해서 전달하는 정확한 메지지를 읽어야 한다. 오감을 살려서 경청해야 하는데 상대방을 진정으로 사랑하는 마음이 있을 때 가능한 일이다.
 청력이 약한 소희는 세상과 소통하기 위해 지금도 열심히 발성훈련을 하고 있다. 그런데 건강한 청력을 가진 우리는 어떠한가? 자녀의 말이 마음에 들지 않는다고 비난하거나 무시해버린다. 오랫동안 그렇게 지내다가 갑자기 자녀가 대화하지 않으려 한다며 원망하고 화를 낸다. 그럴수록 아이는 입을 닫고 결국 마음도 닫는다. 아이의 입을 열고 싶다면 부모가 먼저 마음을 열어야 한다.

마음의 문을 여는 열쇠는 반드시 있다_ 자녀의 닫힌 마음의 문을 여는 열쇠는 반드시 있다. 이제부터라도 자녀의 말에 귀기울이고 자녀의 처지에서 생각하자. 그리고 자녀가 진짜 말하고자 하는 핵심을 파악하려고 애쓰며 대화하자. 귀만 열지 말고 말하는 표정, 손끝, 시선 모두를 민감하게 살피자. 말없이 손을 잡아주기도 하고 안아주기도 하자. 자녀가 좋아하는 간식을 정성스럽게 준비하고 기다려보기도 하자. 대화는 마주앉아 서로 말을 주고받는 것만이 아니다. 상대방을 생각하는 마음이 서로에게 전달되는 과정, 그것이 대화이고 소통이다. 최대한 말을 아끼며 자녀의 말을 더 많이 듣자. 부모가 생각하는 정답을 알려주려고 자녀의 말을 자르지 말자. 그건 마음의 문을 닫게 만드는 지름길이다.

아이에게도 자존심은 있다
어떻게 대해야 할지 모르겠는 아이를 위한 처방전

"그냥 숨이 막혀서……"

중학생인 혜나가 말하는 가출과 학교 무단이탈의 이유였다. 혜나는 묻기도 전에 경찰서에 조사받으러 온 사람처럼 곧바로 모든 걸 실토했다. 이유를 말했으니 대충 넘어가자는 듯한 태도였다. 이젠 더이상 어떤 말도 하기 싫다는 강한 의사표현이었다.

지적과 훈계만 들어왔던 아이들은 모든 어른을 다 똑같다고 생각한다. 낯선 어른을 만나면 이번에도 자기를 향한 비난과 훈계가 이어질 거라고 미루어 짐작한다. 징계를 받아 본인의 의사와는 상관없이 상담을 받게 된 경우에는 더욱 그런 반응을 보였다.

혜나의 상담도 징계의 한 방법이었다. 혜나는 이미 학교에서 여러 선생님들과 상담한 적이 있었다. 혜나의 행동이 학교의 규칙에 얼마나 어긋나는지에 대한 훈계가 이어진 만남이었다. 학교에서의 상담은 어른들의 공감을 받으며 따뜻하게 마음을 열며 이루어진 상담이 아니었기에 혜나는 상담이 또다른 형태의 벌이라고 인식하고 있었다.

"'대충 빨리 끝내요'라고 혜나 얼굴에 쓰여 있네. 오기 싫은데 억지로 왔구나!"

"상담하고 싶은 사람이 어디 있어요? 차라리 봉사활동 가는 게 나아요. 밖에서 친구가 기다리고 있어요. 빨리 가야 돼요."

"선생님은 예쁜 혜나 만나서 기분좋은데. 혜나는 한가할 때 주로 뭐하고 지내?"

"거울만 봐요. 거울을 보고 있으면 다른 생각이 안 나거든요."

혜나는 머리카락과 치마를 만지작거리며 말했다.

"머릿결이 참 좋은데 특별한 비결이 있으면 좀 알려줄래?"

"특별한 거 없는데……"

말끝을 흐리면서도 살포시 미소를 지었다. 긴 훈계를 들을까봐 걱정했는데 어쩌면 아닐 수도 있다고 안심하는 듯했다.

"잠깐만 친구한테 문자 한 통 해도 될까요?"

혜나는 예의바르게 허락을 구했다.

"친구에게 먼저 가라고 했으니까 좀더 상담해도 돼요."

그러고는 자기 이야기를 풀어내기 시작했다.

"집을 나와보니 우리 엄마가 너무 불쌍한 거예요"

"부모님은 제가 어릴 때 이혼했어요. 아버지는 가족에 대한 책임감도 애정도 전혀 없는 사람이에요. 엄마가 고생을 많이 했어요. 그런데 이제 오빠가 우리를 괴롭혀요. 저한테 욕하고 때려요. 엄마한테도 소리지르고 욕하고요."

"고생하는 엄마를 보면 마음이 많이 아프겠구나. 엄마를 힘들게 하는 오빠가 밉기도 할 테고."

"오빠가 정말 싫어요. 매일 우는 엄마도 보기 안쓰럽고요."

"그래도 혜나가 있어서 엄마한테 큰 위로가 될 거야!"

"엄마한테 위로가 안 돼요. 걱정거리죠."

혜나는 걱정만 안겨주는 자신도 싫고, 늘 속상해하는 엄마도 보기 싫어서 집에 안 들어갈 때가 많다고 했다.

"집에 안 가면 어디서 자?"

"친구 집에서요."

"그렇게 자주 재워주는 친구가 있어?"

"이 집 저 집 눈치보며 다니는 거죠."

"친구 엄마들이 싫어하실 것 같은데?"

"당근이죠. 그래서 싸돌아다니다가 밤늦게 들어가요."

혜나는 어른들의 눈을 피해 친구들이랑 어울렸다. 밤늦도록 길거리를 그냥 헤매고 다녔다.

"여학생들 여러 명이 밤길을 다니다보면 위험한 일이 생길 수 있지 않을까?"

"위험한 일? 어떤 일이요? 남자들이요?"

"그래. 위험한 남학생들을 만날 수도 있잖아."

"제 친구들도 해볼 거 다 해본 아이들이라 무서울 것 없어요."

"해볼 거 다 해봤다는 게 무슨 의미인지 물어봐도 돼?"

"담배도 피워봤고요, 남자도 사귀어봤고요. 중학생들이 순진하게 사귀는 그런 거 말고요."

"혜나 이야기를 듣다보니까 '한때 그랬는데 지금은 후회하고 있어요'처럼 들리는데, 맞니?

"네, 맞아요. 이제 그런 일 안 해요. 담배도 끊었어요."

"담배 끊기가 쉽지 않았을 텐데 대단한 의지력이다, 혜나. 어떻게 그런 결심을 하게 됐어?"

"오빠는 매일 지랄하고 엄마는 찔찔대고 다 꼴 보기 싫어서 집을 나와버렸는데……"

"그랬는데?"

"집을 나와보니 엄마가 너무 불쌍한 거예요."

"엄마가 불쌍하다는 생각이 들었구나."

"그렇잖아요. 남편 복도 없는데 자식 복도 없으니까요."

"엄마한테는 엄마를 끔찍하게 생각하는 딸이 있잖아."

"어디요? 누구요?"

"선생님 앞에 바로 여기 있잖아."

"저 그런 딸 아니에요. 사실은…… 저 엄마 정말 사랑해요. 너무 불쌍하고요. 다음에 제가 꼭 호강시켜줄 거예요."

혜나는 잠시 고개를 숙였다. 억지로 울음을 참고 있었다. 어깨를 토닥이며 손을 잡아주었다. 그리고 엄마는 혜나의 마음을 다 알고 있으니까 너무 미안해하지는 말라고 말해주었다.

"어떻게 알아요? 내가 매일 짜증만 내는데요."

"엄마 눈에는 딸의 진심이 보이는 법이거든."

"어떻게요?"

"엄마 배 속에서 탯줄로 서로 연결되어 영양분과 사랑을 받은 것처럼 태어난 후에도 엄마와 자식은 정서적인 탯줄로 연결되어 있다고 해. 그러니까 다른 사람은 몰라도 엄마는 딸의 진심을 알 수 있어. 그래서 엄마 마음이 더 아플 것 같아."

"왜요?"

"딸이 아파하는 이유를 알면서도 해결해줄 수 없으니 얼마나 마음이 아프시겠어?"

"저도 알아요. 그래서 이제 정신 차리려고 해요."

수줍은 듯 웃으며 말했지만 단단히 결심한 듯 혜나의 눈은 반짝이고 있었다. 혜나의 새로운 결심을 듣고 난 후 징계를 받게 된 이유를 물어보았다.

들키고 싶지 않은 상처가 밝혀진 아이

"제가 선생님한테 대들고 학교를 무단이탈했어요."

"새로운 결심을 했는데 이런 일이 생겨서 더 속상했겠다. 선생님한테 무슨 일로 대들었는지 말해줄 수 있어?"

"담배도 피우고 가끔 무단이탈도 하는 애들이 있거든요. 완전 골치덩어리들이요."

"그런데 그 애들이 왜?"

"저도 그중 한 명이니까요. 그런데 선생님들은 우리가 모여 있기만 해도 야단을 치는 거예요. 학주 선생님은 정말 화를 내요."

"모여 있기만 해도 선생님들이 화를 내신다고? 선생님들을 이해하기가 쉽지는 않았겠다."

"그래서 대들었어요. 그랬더니 글쎄……"

혜나는 목이 메어 말을 잇지 못했다. 그리고 잠시 후 두 눈에 고였던 눈물이 볼을 타고 흘러내렸다.

"'아버지 없이 자식들 키우느라 엄마가 얼마나 애쓰는데, 네가 이러면 돼?'라고 버럭 고함을 치는 거예요. 학주 샘이요."

"친구들 앞에서 그런 이야기를 들었으면 많이 당황스러웠겠다."

"너무 아픈 상처라서 꽁꽁 숨겨뒀는데…… 화가 나기도 하고 쪽팔리기도 하더라고요. 그 이야기 모르는 친구도 있었거든요."

가슴 깊이 묻어두었던 상처가 친구들 앞에서 드러나자 혜나는 빨리 그 자리를 피하고만 싶었다. 그래서 도망쳤다. 선생님과 친구들이 없는 학교 밖으로 무작정 뛰쳐나왔다가 며칠 학교에 가지 않았다. 무단이탈과 무단결석, 그리고 이미 쌓인 벌점이 많아서 징계를 받게 된 것이다.

"그래도 그 덕분에 선생님이 예쁜 혜나를 만날 수 있었구나!"

분위기를 바꾸기 위해 던진 썰렁한 농담에 혜나는 웃어주었다.

"징계가 나쁜 것만은 아니네요. 선생님 만나서 이야기도 많이 할 수 있었고요."

"선생님과 함께 보낸 시간을 좋은 만남이라고 생각하는 것 같아 기분좋은데."

"좋은 시간이었어요. 제 이야기 잘 안 하거든요."

"어른들은 대체 왜 그래요?"

상담 초반부터 혜나는 드러내기 싫어서 감춰두었던 자기 이야기를 다 털어냈다. 가족의 아픔으로 인해 방황했던 시간을 돌아보았고 새로워지고자 다짐했다. 무엇보다도 엄마에게 기쁨을 주는 예쁜 딸이 되고 싶어했다.

"짧게 만났지만 선생님은 혜나가 앞으로 어떤 멋진 삶을 살아갈지 기대가 돼."

"기대가 크면 실망도 크다는 말도 있잖아요."

"혜나는 멋지게 살아갈 거라는 믿음이 생겼어."

"학교 선생님들도 저를 좀 믿어주면 좋겠어요."

"혜나가 이렇게 멋진 생각을 하고 있는지 다른 사람들이 잘 몰라서 그럴 거야. 혜나가 먼저 달라진 모습을 보여주는 건 어떨까?"

"그래서 생각하고 있어요. 이번 기말고사 정말 잘 보고 싶어요."

"성적으로 달라진 모습을 증명해 보이겠다는 생각 멋지다. 구체적인 계획은 세웠어?"

"전과목은 어렵고요. 영어, 수학은 하루아침에 되는 과목이 아니니까 국어, 사회나 열심히 해보려고 해요. 제가 국어를 잘하거든요."

"어쩐지 혜나가 자기 생각을 조리 있게 잘 표현한다고 생각했어. 국어를 잘한다는 건 다른 과목도 잘할 수 있는 가능성이 있다는 거야. 열심히 해보자."

"최소한 두 과목은 깜짝 놀랄 점수를 받을 수 있어요."

혜나는 자신을 믿어주지 않는 어른들을 향해서 더이상 화를 내지 않았다. 자신이 먼저 달라진 모습을 보이겠노라고 다짐하고 있었다. 그러면서 퉁명스럽게 질문을 던졌다.

"선생님, 어른들은 왜 그래요?"

"혜나가 어른들한테 하고 싶은 이야기가 있구나? 한번 들어볼까?"

"감시하지 않고 관심을 가져주면 좋겠어요."

"날카로운 지적을 받으니 어른의 한 사람으로서 심히 찔리는데."

"선생님들이 쉬는 시간마다 교실에 와서 제가 있는지 확인해요. 감시하는 거죠."

"감시받는다는 느낌이 들어서 기분이 별로 안 좋았구나."

"감시를 하더라도 티가 좀 덜 나면 좋겠어요."

"어떻게 해주면 감시받는다는 느낌이 들지 않을까?"

"따뜻한 말을 해주는 거지요. 교실에 고개 들이밀며 '혜나 있니?'라고 체크만 하지 말고, 따뜻한 눈빛이라도 한번 보내주면 좋겠어요."

"혜나가 선생님들의 따뜻한 격려가 받고 싶었구나. 선생님들도 그런 마음은 가득한데 표현이 서툴 뿐이라는 생각이 들어."

"그걸 어떻게 알아요?"

"혜나 만나기 전에 학교 상담선생님과 담임선생님을 먼저 만났거든. 혜나에 대한 애정과 기대가 크시더라. 너에 대한 믿음이 확실하다는 느낌을 받았어."

학교는 학생들이 울타리를 넘지 못하도록 높은 철조망을 친다. 그리고 그 울타리를 이탈하는지를 감시한다. 감시만 잘 하면 모든 청소년들이 울타리 안에서 안전하게 잘 있으리라고 착각한다. 그러나 아이들은 그들의 진짜 목소리에 귀를 기울여달라고 한다. 감시 대신 관심을 가져달라고 강하게 외친다. 특히 마음속 깊은 상처를 들키지 않으려고 더욱 강한 척 위장할 수밖에 없는 아이들의 외침에 귀를 기울여야 한다. 그리고 자존심에 상처내지 않도록 배려해줘야 한다. 가정과 학교에서 상처받은 아이들은 어른들이 쳐놓은 울타리를 부수고 나와 거친 세상에서 숨어버린다. 다시는 가정과 학교로 돌아오지 못하는 아이로 살아갈 수도 있다.

아이의 자존심이 더 크고 강하다_ 어른들 중에는 자존심을 중요시해 목숨보다 더 귀하게 생각하는 사람들이 있다. 그러면서 정작 아이에게도 자존심이 있다는 사실은 모르는 경우가 많다. 아직 인격이 완전하게 형성되지 않은 아이에게도 분명 자존심은 있다. 그리고 아이의 자존심은 때로는 어른의 그것보다 더 크고 강하다.

혜나는 자신의 치부를 아무렇지 않게 친구들 앞에서 드러낸 선생님, 자신을 믿지 못하고 감시하는 선생님 때문에 자존심에 크나큰 상처를 입었다. 그 때문에 여러 문제를 일으켰다. 혜나 본인이 정말 잘못된 아이여서가 아니라 자존심을 상해 받은 상처를 그런 식으로 표출한 것이다. 예민하고 날카로운 시기의 아이들에게 자존심은 한번 손상되면 회복되기 어려운 가치일 수 있음을 명심하자.

성공감은 자신감으로 이어진다
무기력한 아이를 북돋는 놀이활동

종민이 어머니는 화가 나 있었다. 옆에서 엄마 눈치를 보며 불안하게 앉아 있는 종민이는 초등학교 4학년 남학생이다.

상담실에서 처음 만난 상담사 앞에서도 표정관리가 어려울 만큼 종민이 어머니의 표정은 굳어 있었다.

"어머님, 혹시 어디 불편하신가요? 안색이 좀 안 좋아 보이시네요."

"종민이 생각만 하면 가슴이 답답해서요."

"종민이의 어떤 점 때문에 답답하신가요?"

"쳐다보고 있으면 마음에 드는 구석이 하나도 없어요. 눈을 씻고 찾아봐도 도저히 괜찮은 구석을 찾을 수가 없어요."

"조금만 더 구체적으로 말씀해주세요."

"동작도 느리고요. 숙제도 오래 걸리고요. 수학문제 푸는 거 보고 있으면 정말 속이 터져요. 초등학교 2학년 동생보다 더 못하다니까요. 정말!"

"종민이가 행동뿐만 아니라 학습과제 수행이 느린 것 때문에 답답하다고 느끼시는 거지요?"

"네. 이대로 계속 두고보다가는 제가 병에 걸릴 것 같아요."

"종민이 동생에 대해서 여쭤봐도 될까요?"

"걔는 말할 것도 없어요. 자기 일은 자기가 알아서 척척 하니까요."

옛말에 '열 손가락 깨물어 안 아픈 손가락이 없다'고 했다. 자식이 아무리 많아도 모두 귀하고 사랑스러운 자식이라는 의미일 것이다. 그런데 종종 '열 손가락 깨물어 안 아픈 손가락은 없지만 더 아픈 손가락은 있다'는 말이 더 적절한 표현이라고 느낄 때가 있다.

상담실에서 만나는 많은 부모가 다 귀한 자식이긴 하지만 분명 더 사랑스러운 자식이 있다고 솔직한 심정을 드러내기도 한다. 그런 마음이 드는 것이야 어쩔 수 없다고 하더라도, 이를 자녀가 눈치채게 된다면 엄청난 상처를 받을 수 있다. 특히나 편애하는 이유가 공부와 관련되었을 때는 더욱 심각한 상처가 될 수밖에 없다. 종민이도 마찬가지였다. 종민이는 자신보다 똑똑하고 공부를 잘하는 동생을 더 예뻐하는 부모에게서 큰 상처를 받고 있었다.

"그런 건 아무 소용없어요"

"종민이는 선생님 눈을 참 잘 보는구나. 학교에서 선생님 눈을 잘 쳐다보는 학생들은 공부를 잘한다는 말이 있는데."

"그 말 엉터리예요. 저는 공부 못해요."

"종민이는 이제 겨우 초등학교 4학년이고, 앞으로 공부할 날이 많이 남아 있어."

"나는 안 된대요."

"그게 무슨 말이야?"

"우리 엄마가 그랬어요. 나는 머리가 나쁘다고."

"어머니가 종민이한테 그렇게 말씀하셨어?"

"아니요. 아빠랑 말하는 거 들었어요."

"그 말 들었을 때 종민이 많이 속상했겠다. 괜찮았어?"

"매일 혼내고, 나한테만 짜증내니까…… 동생은 공부 잘하거든요."

종민이는 공부를 잘하는 동생과 비교당하며 엄마의 화풀이 대상이 되어야 하는 자신이 싫다고 했다. 그러나 자신은 머리가 나빠서 앞으로도 공부는 잘하지 못할 것 같아 더 걱정이라며 한숨을 쉬었다.

"종민이도 잘하고 좋아하는 거 있잖아?"

"과학 잘해요. 특히 식물이나 동물에 대해서 잘 알아요."

종민이는 동식물에 대해서 자세하게 설명했다. 자신이 관심 있는 곤충에 대해 구체적으로 설명할 때는 자신감이 넘쳤다.

"우와! 종민이가 곤충 박사구나!"

"그런 건 아무 소용없어요. 시험에도 안 나오잖아요."

"종민이가 곤충에 대해서 관찰하고 관심을 가지다보면 다음에 진짜 곤충 박사가 될 수도 있잖아. 파브르 박사처럼."

"그래도 박사는 될 수 없어요."

"왜 그렇게 생각해?"

"엄마가 그랬어요. 수학 못하면 대학도 못 간다고. 대학도 못 가는데 어떻게 박사님이 돼요?"

종민이는 일찍부터 많은 좌절을 경험했다. 가장 가까운 가족에게서 말이다. 우리도 이러한 실수를 할 때가 많다. 험난한 세상에서 누구보다 힘이 돼주어야 할 가족이 오히려 좌절과 실패를 안길 때 상처는 더욱 깊게 팬다. 세상 밖에 나가서도 주눅들고 위축되기 쉽다. 종민이는 이미 동생과 끊임없이 비교당하면서 자신감을 잃어가고 있었고 동생도 미워하고 있었다. 그리고 가족이 모여 있는 거실보다는 자기 방에서 혼자 머무는 시간이 점점 길어졌다.

반복된 실패 경험은 무기력으로 이어진다

"종민이는 오늘 선생님이랑 하고 싶은 거 있어?"

"재미있게 놀고 싶기도 하고, 공부를 잘할 수 있는 방법도 알고 싶어요."

종민이는 과목별 점수 차이가 컸다. 국어는 좋아하기도 하고 점수도 높은 편인데 수학, 특히 연산에 대한 두려움이 컸다. 종민이의 좌절감을 극복하기 위해서는 쉬운 단계에서부터 성공감을 경험하며 새롭게 수의 연산을 만나야 했다. 그러기 위해서는 부모의 편애와 비난으로 인한 좌절감과 열등감에서 벗어나는 일이 선행되어야 했다. 부모의 정서적인 지지와 격려가 있어도 종민이에게 연산이라는 산은 넘기 힘든 태산이다. 여기에 동생과 비교당하고 게다가 비난까지 받는다면 감히 극복할 시도조차 할 수 없다. 반복된 실패의 경험은 학습무기력으로 이어질 수밖에 없다.

"종민이가 곤충에 관심도 많고 관련된 책도 많이 읽었던데요. 곤충박사처럼 설명을 잘하더라고요."

"쓸데없는 거 하느라 시간만 보내요."

"어머님은 종민이가 곤충 관련 책만 보고 다른 공부는 소홀해질까봐 염려되시는 거지요?"

"곤충에 대해서 많이 안다고 누가 대학 들여보내주나요?"

"종민이가 곤충에 대해서 얼마나 깊이 있게 알고 있는지 관심 가져보신 적 있으세요?"

"쓸데없는 거에 관심을 왜 가져요. 제발 하라는 공부나 했으면 좋겠어요."

"종민이가 가족이 함께 머무는 거실을 피해서 자기 방에만 숨어 있게 된 게 언제부터였어요?"

"글쎄, 그게 오래된 것 같은데 구체적인 시기는 잘 모르겠어요."

"아마도 동생이 초등학교에 들어가서 공부를, 특히 수학을 잘한다고 칭찬받기 시작하면서부터였던 것 같아요."

"그게 무슨 상관이 있나요?"

"동생을 칭찬하는 걸로 시작해서 항상 '동생만도 못한 형'으로 대화가 끝났으니까요. 그때부터 종민이는 수의 연산과 싸우기 시작했지요. 연산을 시작하면 늘 혼이 났고 '동생만도 못한'이란 말을 수없이 들었다고 하더군요."

"……"

종민이 어머니는 잠시 말이 없었다.

"솔직히 제가 우리 막내 종우를 대견하게 생각해요. 종민이 엄마로는 어디를 가도 떳떳하지 못했는데 종우가 학교에 입학하고 나서는 다른 엄마들의 태도가 달라요. 팀을 짜도 서로 같이 하자고 하고요. 그래서 종민이 엄마로 불리기보다는 종우 엄마라고 불리길 바라며 살아온 건 맞아요. 그래야 저도 살맛이 나니까요. 솔직히 종민이가 답답해서 싫기도 했고요."

"종민이가 지금처럼 동생과 비교당하면 절대 자신 있게 공부할 수 없어요. 그리고 두 아들이 서로 좋아하고 잘하는 것이 다른데 한 아이

3장. 아이의 엉킨 마음을 풀어주는 법 _215

의 잘하는 점만 드러내서 칭찬하시면 그렇지 않은 아이는 어떤 기분이 들까요? 지금 종민이는 공부와 관련된 모든 것에 자신이 없어요. 잘할 수 있다는 자신감이 전혀 없어요."

"그럼 어떻게 하면 될까요?"

"절대 종민이와 종우를 비교하지 마세요. 종민이가 잘 알고 있는 곤충에 관심을 가지고 그 이야기를 귀기울여 들어주세요. 그리고 칭찬해주세요. 동생을 향한 칭찬은 칭찬으로 끝내고, 종민이와 비교해서 비난하지 마세요. 그리고 종민이가 연산과 관련된 좌절감에서 벗어날 수 있도록 난이도를 조절해야 합니다. 4학년 수학문제가 부담이 된다면 이전 학년의 단원을 통해서 개념 정리를 다시 해보는 것도 방법일 수 있습니다. 구체적으로 어떻게 할지는 종민이의 생각을 들어본 후 정하시는 게 더 좋아요."

자녀의 있는 그대로의 모습을 인정해주고 있는가

종민이는 부모님의 편애로 인해 속상했고 동생이 많이 미웠다며 문장완성검사에서 마음을 나타냈다. 그리고 자신의 이야기에 귀기울여주는 대상이 없다고 했다. 동생이 말할 때는 웃으면서 잘 들어주는데 자신이 말하면 아무도 관심을 가지지 않는다며 속상해했다.

그러나 부모님은 종민이가 자신들의 편애 때문에 힘들어하고 있다는 사실을 몰랐다. 종민이가 4학년이 되면서 유난히 말수가 줄고 표정이 어두워졌지만 그 이유를 학습에 대한 부담 때문이라고만 생각했다. 그래서 학원을 더 보냈고 공부와 관련된 부분을 더욱 강조했다. 그런데도 성적은 전혀 오르지 않았고 오히려 떨어지고 있었다.

식물이나 동물 관련 책을 포함하여 폭넓은 독서를 하는 종민이의 장점에 대해 부모님은 당연하다고 생각하며 칭찬해본 적이 없었다. 그러나 동생의 연산실력에 대해서는 종민이와 비교하며 극찬했다. 아이는 좌절했다. 용기를 내서 집중할 수가 없었다. 그래봤자 동생보다 잘할 것 같지가 않았다. 3학년 때 배운 수학 개념도 제대로 이해하지 못했는데 4학년 과제를 붙잡고 씨름했다. 이전 학년에서 배운 개념을 익히지도 못한 채 자기 학년의 과제를 이해하기란 힘든 일이었다. 그래서 늘 어려웠고 절망감을 느낄 수밖에 없었다.

"종민아, 늘 동생과 비교하고 '동생만도 못한 형'이라고 비난해서 미안해."

"우리 종민이가 독서도 많이 하고, 특히 동식물 박사인 줄 알면서도 칭찬하지 못해서 미안해."

"이제부터는 종민이 이야기도 귀기울여 듣고, 동생과도 비교하지 않도록 노력할게."

살아가면서 만나게 되는 사람들에게 자신의 잘못을 사과하면 상대는 원망하는 마음과 아팠던 상처를 회복할 수 있다. 그런데 많은 사람들이 가족에게 준 상처에 대해서는 사과하지 않는다. 종민이처럼 부모가 의도적으로 상처 입힌 것은 아니지만 형제를 비교하는 과정에서 심한 상처를 주었다면 사과해야 한다. 부모에게 사과를 받은 종민이는 가족과의 거리감을 좁힐 수 있었다. 그리고 부모의 노력하고 변화되는 모습을 보면서 가족애를 회복했다.

단기간에 종민이의 수학성적이 향상되지는 않았다. 그러나 기초부터 수학실력을 다시 다질 수 있도록 기다려주며 칭찬하고 격려하는 든든한 지원군이 생겼다. 비교당하면서 동생을 미워하고 부모를 원망하며 가정에서 외톨이로 숨어 지냈던 종민이. 그러나 이제는 가족과 함께 어울려 깔깔대며 웃기도 한다.

종민이의 고통이 남의 집 이야기만은 아니다. 형제나 자매를 대놓고 비교하며 편애하지는 않는다 하더라도 많은 부모들이 누구네 집 아이는 이렇더라며 아이를 다른 아이와 수없이 비교하고 비난한다. 또 말로 표현하지 않더라도 눈빛이나 표정, 태도를 통해서 순간순간 자녀들을 좌절하게 만들고 있지는 않은지 돌아보아야 한다. 가정에서 인정받지 못한 아이가 집밖에서 어떻게 당당하게 자신을 나타낼 수 있겠는가. 자녀 스스로 가치 있는 사람이라고 생각하며 당당하게 자라기를 원한다면 어리석은 비교 따위는 절대 하지 말자. 자녀의 있는 그대로의 모습을 가치 있게 바라보고 인정하는 부모가 되자.

선택을 힘들어하는 아이들

준수는 선명하게 신발 자국이 찍힌 흰색 하복 셔츠를 입고 상담실을 찾은 중학교 2학년 남학생이다. 중학생이 된 후 이해하기 어려운 수업내용 때문에 학교생활이 힘들었다. 매시간 멍하게 앉아 있기만 할 뿐 제대로 이해할 수 있는 과목은 거의 없었다. 중간고사와 기말고사를 치르며 한 학기를 보내는 동안 준수는 전교 꼴찌라는 꼬리표를 달아야 했다.

그후 친구들은 준수를 '바보'라고 놀리며 툭툭 치고 다녔다. 처음엔 당황해서 아무 대응도 못 하고 맞기만 했다. 시간이 지나면서 맞는 것에 익숙해졌다. 손으로 툭툭 건드리던 아이들은 이제 힘을 실어 치기 시작했다. 점점 강도가 세졌다. 어떤 친구는 화풀이로 준수를 발로 차기도 했다. 흰 셔츠에 선명하게 운동화 자국이 찍히기도 했다.

학교폭력대책자치위원회가 열렸고 준수를 괴롭힌 친구들은 징계를 받았다. 친구들은 준수에게 사과를 하고, 괴롭힘에 대한 벌을 받았다. 그러나 준수의 상처는 쉽게 없어지지 않았다. 힘들어하는 준수를 위해 담임선생님은 상담을 권유했다. 부모님과 준수의 동의로 상담이 이루어졌다.

"학교 끝나고 바로 와서 배고프겠다. 간식부터 좀 먹을까?"
"네."

"음료는 뭘로 할까? 주스, 아이스티, 핫초코가 준비되어 있어."

"……"

준수는 마시고 싶은 음료를 선택하지 못해 한참을 망설였다.

"준수와의 첫 만남을 축하하며 재미있는 게임을 한판 하고 싶은데, 어때?"

"좋아요."

중학생들이 좋아하는 게임을 몇 가지 골라 방법을 설명했다.

"준수는 어떤 게임을 하고 싶어?"

"……"

역시나 준수는 쉽게 선택하지 못했다.

성공감을 경험하게 하는 놀이활동

상담실에서 만나는 대부분의 청소년들은 선택해야 할 상황에 처하면 당황한다. 어려운 문제의 정답을 말해야 하는 것이 아니라 자기가 먹고 싶은 것, 놀고 싶은 것을 선택할 때도 망설인다. 어릴 때부터 선택하기 전에 자기가 원하는 것이 무엇인지 생각해보지 않았기 때문이다. 선택할 상황이 오면 늘 부모가 대신했다. 그렇게 성장한 아이들은 언제부턴가 자신이 뭘 원하는지에 대해 고민할 필요가 없다는 것을 배웠다. 부모가 선택해준 것을 그냥 받아들이기만 하면 됐다. '자기 생각'이라는 말이 사라져버렸다. 오로지 '부모 생각'만 존재한다. 준수도 집에서는 부모의 지시에 따랐고, 학교에서는 선생님과 힘센 친구들이 시키는 대로 했다. 준수의 생각은 중요하지 않았다. 어차피 물어봐주는 사람도 없었다.

상담이 진행되면서 준수는 자기가 원하는 것을 말하기 시작했다. 간식은 물론이고 좋아하는 게임도 선택했다. 그리고 친구들이 자기에게 어떻게 대해줬으면 좋겠다고 말하기도 했다. 그러나 자신이 잘할 수 있는 것이 아무것도 없어서 앞으로도 힘든 일만 계속될 거라며 긴 한숨을 쉬었다.

준수는 우선 자신감을 회복해야 했다. 자신감 회복을 위한 비법은 바로 성공감을 경험하는 것이다. 시험성적 때문에 친구들에게 따돌림을 당하는 상황이었기에 학습과 관련된 활동을 통해 성공감을 경험하는 것이 효과적이다. 시험지처럼 생긴 활동지로 백점을 받는 경험을 하면 성공감은 더욱 커진다. 모든 아이들이 집중하기만 하면 백점을 받을 수 있는 '숨은그림찾기'가 바로 그런 활동이다.

"준수야, 너 백점 받아본 적 있어?"

"아니요."

"백점 받았을 때 어떤 기분인지 느껴보고 싶지 않아?"

"그런 일은 안 일어나요."

"그래도 받아보고 싶다고 얼굴에 쓰여 있는데?"

"받아보고 싶긴 하지요."

"자! 그럼 지금부터 그림 속에 숨어 있는 악기들을 찾아보도록 하겠습니다."

준수는 진지하게 숨은 그림을 찾기 시작했다. 곧 어렵지 않게 그림을 모두 찾았다. 찾은 그림 위에 빨간 펜으로 크게 동그라미를 그리고 '100'이라고 써주었다. 준수는 숫자를 바라보며 환하게 웃었다. 뿌듯함이 얼굴에 번졌다.

"더 어려운 거 없어요? 너무 쉬워요."

준수는 더 어려운 과제를 달라며 당당하게 졸랐다.

성공감 경험하기 두번째 과제는 '암기의 달인 되기'였다.

"이제부터 달인이 되는 연습을 해보려고 해."

"무슨 달인이요? 빨리 많이 먹기는 자신 있는데."

"바로 '암기의 달인 되기'야. 어때?"

"에이! 그건 안 돼요. 저 잘 못 외워요."

"숨은 그림을 이렇게 빨리 찾을 정도의 집중력이면 충분해. '준수는 할 수 있다', 크게 외치고 도전!"

과일, 채소, 동물 그리고 음식 이름이 적힌 낱말카드를 만들었다. 범주화한 주제에 따라 색을 다르게 표시했다.

"먼저 과일 이름이 적힌 낱말카드 네 장을 보여줄 거야. 과일 이름을 기억해봐."

네 장에서 여섯 장으로 다시 여덟 장으로 수를 점점 늘려가도 준수는 모두 척척 기억했다. 준수의 얼굴이 발그레해지면서 눈이 반짝거렸다.

"준수야, 이젠 과일 이름 열 가지를 기억할 거야. 낱말카드가 놓인 위치를 기억하며 이름을 떠올려보자!"

"우와! 제가 다 맞혔어요."

열 가지 과일 이름을 모두 말하고 난 후 준수는 깜짝 놀랐다. '암기의 달인 되기' 과제는 한동안 계속되었다. 음식 이름 열 가지를 모두 기억해낸 준수는 음식과 동물의 이름을 연결해서 스무 가지 이름 기억하기에 도전했다. 몇 번 머뭇거리기는 했지만 다른 사람의 도움 없이 모두 기억해낼 수 있었다. 동물이 음식을 먹고 있는 장면으로 시각화해 모두 기억해냈다.

주제별 이름을 기억하는 과정에서 자신감을 얻은 준수는 '이야기 꾸미기' 방법을 통해 관련 없는 다양한 이름도 기억하는 데 성공했다.

"이제 외우는 건 자신 있어요. 일주일 전에 본 낱말카드도 다 기억나요. 집에 가서도 생각해요."

준수는 단순히 몇십 개의 단어를 암기한 게 아니었다. 성공감을 경험했고, 그를 통해 자신감을 얻어가고 있었다. 작은 성공들이 아이를 당당하게 만들고 있었다.

"준수가 엄청 밝아졌어요. 기말고사가 얼마 안 남았다며 책상에 앉아 있기도 해요. 중학교에 들어와서 공부가 너무 어렵다고만 하면서 책은 펴보지도 않았거든요."

"준수 어머님, 준수한테 학교수업이 조금 어려울 수 있어요. 그래도 준수가 잘할 수 있는 게 분명히 있을 테니까 애정과 관심을 가지고 지켜봐주세요. 작은 성공 경험이라도 꼭 칭찬과 격려를 해주시고요."

자신감이 생긴 준수의 달라진 모습에 어머니도 들떠 있었다.

기말고사를 치르고 삼 주 만에 상담실을 찾은 준수는 흥분한 상태였다. 중간고사에서 15점이었던 과학이 60점으로 올랐다고 했다. 이젠 전교 꼴찌는 아니라며 좋아하는 준수에게 다른 과목 점수나 전교 석차는 어떤지 물어보지 않았다. 아니, 물어볼 필요가 없었다. 모든 교과목을 너무 어려워해 시험이 닥쳐도 교과서 펼 엄두조차 내지 못했던 아이였다. 그런데 처음으로 교과서를 펴서 공부를 했고, 문제집도 풀었다. 그리고 60점이나 받았다.

낱말카드와 그림을 보고 이름을 기억하는 작은 과제를 통해 성공감을 경험한 준수. 그 성공감의 경험을 통해 이제 교과목이라는 새로운 과제에 도전했다. 학년이 올라갈수록 공부는 점점 더 어려워지겠지만 그래도 자신이 성공했던 경험을 떠올리며 다시 도전할 수 있는 아이가 되기를 바랄 뿐이다. 작은 성공 경험을 통해 아이들은 자신감을 얻는다. 그 자신감이 훗날 이 세상을 살아갈 힘이 될 것이다. 자녀들이 작은 성공 경험을 할 수 있도록 기회를 제공하자. 반복된 실패를 경험한 아이들은 또다른 실패가 두려워 어떤 시도도 하지 않게 된다.

실패는 성공의 반대가 아니다_ 구체적인 성공 경험을 통해 아이들은 자신감을 가지게 되고 새로운 과제에 도전할 수 있게 용기를 낼 수 있다. 반복되는 실패로 인해 위축되고 좌절한 아이들에게 용기를 내라는 어른들의 충고는 설득력이 없다. 어떻게 하면 용기를 낼 수 있는지 구체적인 방법도 모를 뿐 아니라 감히 엄두를 낼 수가 없다. 먼저 작은 성공감을 경험할 수 있는 기회부터 제공하자. 그 성공감을 통해서 성취감을 맛본 후에 손을 내밀어 용기를 내도록 도와주자. 작은 성공 경험이 아이들을 꿈꾸게 할 수 있다.

어느 글로벌기업의 CEO는 직원들에게 '빨리 실패하라'고 주문한다고 한다. 실패해야 또다시 도전할 수 있기 때문이라는 것이다. 그리고 실패를 통해 터득한 문제들을 개선하면서 더 나아질 수 있기 때문이라는 것이다. 아이의 실패를 두려워하지 말자. 실패는 성공의 반대가 아니다. 실패는 성공으로 가는 과정이고, 성공을 위한 학습이다.

산만함은 호기심이 많다는 증거다
산만한 아이를 위한 주의집중력 훈련

아름이는 초등학교 1학년 내내 거의 매일 담임선생님께 꾸중을 듣거나 꿀밤을 맞았다. 수업시간마다 집중하지 못하고 멍하게 앉아 있다는 이유에서였다. 초등학교에 입학한 날부터 아름이는 담임선생님이 무섭다고 생각했다. 초등학생이 되고 난 후 달라진 환경도 낯설었고 친절한 유치원 선생님들과 다르게 담임선생님은 학교생활의 규칙을 무섭게 알려주었다. 그리고 수업시간은 물론이고 쉬는 시간까지 화장실 갈 때를 제외하고는 모두 자리에 앉아 있어야 한다고 했다. 자유롭게 지냈던 유치원생활과는 많이 달랐고 두려웠다.

담임선생님과 수업을 시작하면 불안감은 좀더 커졌다. 담임선생님이 아름이 곁으로 다가오기만 해도 긴장이 되었다. 그런 모습이 눈에 띄자 선생님은 자주 확인을 했다. 수업에 잘 집중하고 있는지 알아보기 위해 아름이에게 질문도 하고 수업하고 있는 부분을 찾아보게도 했다. 긴장한 상태였기 때문에 아름이는 편안하게 답할 수가 없었다. 마음을 가다듬는 사이에 선생님은 제대로 안 듣고 있었다며 꾸중했다. 이런 상황이 반복되면서 선생님도 친구들도 아름이는 산만한 아이라고 인식하게 되었다.

아름이는 웃음을 잃어갔고, 학교에 가려고 하면 배가 아팠다. 그러나 학교에 가기 싫은 이유를 엄마한테 말하지는 않았다. 매일 바쁘게 일하느라 학부모 모임에도 나가지 못하고, 딸의 친구들도 만나지 못한 어머니는 딸이 학교에서 어떻게 지내는지 제대로 알지 못했다. 그러다 1학년 겨울방학을 며칠 앞두고 딸을 만나러 학교에 간 어머니는 친구들에게서 아름이가 선생님께 매일 혼난다는 이야기를 듣게 되었다.

"아름아, 학교는 재미있어?"

어머니의 물음에 아름이는 한동안 대답을 하지 않았다.

"아니."

"왜 학교가 재미없어?"

"맨날 혼나니까. 공부도 못하고."

딸이 힘들게 학교생활 하는 것도 제대로 몰랐다고 자책하며 어머니는 상담실 문을 두드렸다.

쭈뼛쭈뼛 눈치만 보는 아이

"먹고사는 게 힘들어서 초등학교에 다니는 딸에겐 신경도 못 썼어요. 그런데 1년 내내 혼나며 학교를 다녔다고 생각하니…… 딸한테 너무 미안하고, 아이가 불쌍해서 견딜 수가 없어요."

어머니는 한참을 울었다.

초등학교에 들어가서 처음 만난 선생님에게 매일 지적받고 혼이 났던 아름이는 많이 위축되어 있었다. 낯선 어른이 인사를 건네자 긴장하며 엄마 뒤에 숨어 눈치만 보고 있었다. 낯선 어른을 향한 강한 경계를 나타내고 있었다.

"아름이에게 보여주고 싶은 게 있는데, 놀이실로 가보지 않을래?"

"……"

아름이는 아무 말도 하지 않고 엄마 눈치만 살피고 있었다. 갔다 오라고 어머니가 눈짓을 하자 일어날 듯 엉덩이를 살짝 들었다. "가보자!"라고 말하며 아름이에게 손을 내밀었다. 아이는 부끄러운 듯 내 손을 잡고 놀이실로 향했다.

"우와! 예쁘다."

아름이가 놀이치료실에서 발레리나 인형을 보고 감탄했다. 그러나 더이상 다른 말 없이 치료실을 한 바퀴 돌아보고는 눈치를 살폈다. 만지고 싶어하면서도 만져도 되는지 묻지 않았다. 초등학교 1학년 정도의 아이들은 대부분 감탄과 동시에 만지는 것이 자연스러운 반응이다. 그런데 아름이는 지나치게 눈치를 살피고 있었다. 허락을 구했다가 거절당하는 게 두려워서인지 물어보지도 않고 그저 발레리나 인형을 향해 간절한 눈빛만 보내고 있었다.

"다 가지고 놀아도 좋아. 제자리에 다시 정리만 해준다면."

아름이의 표정이 잠시 밝아졌다. 그런데도 믿지 못하겠다는 듯 망설이며 쭈뼛거리고 서 있었다.

"지금부터 이 방에 있는 동안은 뭐든 가지고 놀아도 좋아. 어떤 걸 원하시나요? 공주님."

아이가 곧장 발레리나 인형에게로 향했다. 그리고 예쁜 침대, 소파, 화장대 등을 가지고 와서 꾸미기 시작했다. 순식간에 멋진 공주방이 완성되었다. 이렇게 몇 차례 상담이 진행되는 동안 아름이는 소꿉놀이를 계속했다.

"내 방도 이랬으면 좋겠어요. 침대도 있고 멋진 화장대도 있으면 좋겠어요. 우리 언니는 공부도 참 잘해요. 착하고요. 우리 엄마도 참 착한데……"

장난감으로 멋진 집을 꾸미고 인형 가족도 초대했다. 그런데 아버지는 없었다.

"가족이 다 모였나요?"

"아니요. 아빠는 없어요. 아빠는 늘 화내니까요."

아름이의 소꿉놀이에는 늘 아빠가 없었다.

아이들은 표현하지 않으면 모른다

아름이 아버지는 잘 웃지 않았다. 직장 사정이 어려워지자 실직할 수도 있다는 두려움을 가지고 있었다. 특히 어린 딸을 볼 때마다 미안함이 앞서서 제대로 쳐다보지 못했고, 못난 자신을 향해 늘 화가 나 있었다. 딸은 딸대로 늘 아빠의 화난 모습만 보니까 가까이 다가갈 수 없었다. 자기에게 화가 났다고 생각하기도 했다. 아버지는 점점 혼자가 되었다. 상담실에 방문해달라는 부탁을 했지만 정중히 거절했다. 그래서 전화로 상담을 했다.

"아름이처럼 예쁜 딸이 있어서 좋으시지요?"

"그럼요. 얼마나 예쁜지 몰라요."

"예쁘다는 표현은 많이 하시나요?"

"아니요. 아비라고 뭐 제대로 하는 게 있어야지요. 마음으로만 예쁘다고 생각하지요."

"아름이는 아직 어려서 어른들이 표현하지 않으면 잘 몰라요. 아빠가 늘 화가 나 있다고 생각하기 때문에 아빠에게 혼나지는 않을까 걱정하고 있어요."

"큰딸한테는 사랑한다는 표현도 많이 했는데, 막내한테는 미안한 게 너무 많아서 그러지 못했어요."

"이제부터라도 해보시면 어떨까요? 딸을 바라보며 웃는 것부터 시작해보시면 좋아요. 그리고 아름이가 얼마나 예쁜지를 말로 표현하며 안아주기도 하고 구체적으로 칭찬하며 격려도 해주시고요."

전화 상담 후 아버지는 용기를 냈다. 사실은 스스로에게 화가 났던 것인데 가족에게 화난 모습만 보여서 미안했다고 사과했다. 그리고 가족을 얼마나 사랑하는지도 고백했다. 회사 사정이 좋은 건 아니지만, 만약에 문제가 생기면 다른 직장을 구하면 되니까 미리 염려하며 짜증내지 않겠다고 약속했다. 가족이 함께하며 웃을 수 있게 되자 아름이는 아빠의 감정을 살피느라 눈치볼 필요가 없어졌다. 점점 소리내어 웃으며 즐거워했고, 움직임이 있는 신체활동에도 열심히 참여했다. 아빠가 사랑을 표현하자 비로소 그 사랑을 알게 된 것이다.

산만한 아이들은
보고 싶은 것만 보고, 듣고 싶은 것만 듣는다

가정에서 부모의 충분한 사랑과 인정을 받으며 성장한다는 것은 곧 정서적 안정을 얻는다는 말이다. 뒤집어 해석해보면 부모의 사랑과 인정을 받지 못하고 성장한 아이들은 위축되고 불안하다는 의미이기도 하다. 어릴 때부터 부모의 부정적인 감정을 살피느라 눈치를 보며 자란 아름이는 학교에 가서도 선생님의 눈치만 살피는 아이가 되었다. 과도하게 신경쓰다보니 경직되고 부자연스러운 모습이 자주 선생님의 눈에 띄었을 것이다. 그러면 과제에 집중하기가 어려워진다. 혼나지는 않을까 긴장하다보면 선생님이 다가오기만 해도 두려울 수 있다. 이성적으로 판단할 수 없는 상태가 되기 쉽다. 대답을 제대로 못해서 혼난 경험이 있다면 가슴은 더욱 방망이질할 것이다.

2학년이 된 아름이는 많이 밝아졌다. 그러나 아직도 학교에서는 많이 위축된 상황이라서 또래와의 집단활동에 참여해 에너지를 얻기로 했다. 활동량이 많은 아이들이 모여 있는 집단에서 조용한 성격의 아름이는 낯설어했다. 그러나 곧 집단의 에너지를 공유하며 힘을 얻어 갔다. 남학생들이 더 많고, 활동량이 많은 아이들이 주를 이룬 집단이었지만 아름이는 거부하지 않고 참여했다.

주의가 산만한 아이들은 대부분 다양한 청각 자극 중에서도 본인이 원하는 것만 선택해 받아들인다. 국어시간에 칠판을 보며 선생님의 설명을 듣는 대신, 운동장에서 들려오는 다른 반 친구들의 함성 소리를 선택해서 듣는다. 바람직한 자극을 선택하지 않은 예다. 아름이도 이렇게 적절하지 않은 자극을 선택하며 시간을 보낸 적이 많았다. 그러므로 주의산만으로 인한 지적과 비난의 경험에서 벗어나기 위해서는 집중력 향상을 통한 성공감을 경험하게 하는 과정이 필요했다. 가장 효과적인 훈련은 시각적·청각적 주의집중력 훈련이다. 개별적으로 이루어지는 경우가 많지만 학교생활에 잘 적응하기 위해서는 집단 훈련 과정이 더욱 효과적이다.

집단활동의 규칙은 대부분 비슷하다. 다른 사람의 마음과 몸을 아프게 하지 않고, 규칙을 잘 지키며, 서로를 칭찬하고 배려하도록 강조한다. 집단의 특성에 따라 다른 규칙이 추가될 수도 있다. 집단활동이 즐거워지는 순간 대부분의 아이들은 규칙을 지키려고 노력한다. 기본적인 규칙이 익숙해지면 놀이를 통해 배려하는 즐거움, 집중해서 보고 듣는 활동을 통한 성공감을 경험할 수 있다. 그리고 기다리는 과정과 활동을 통해서 끈기와 인내심도 기를 수 있다. 주어진 과제를 집중해서 보고 듣고 생각하며, 끈기까지 갖추게 된다면 학습 향상에도 분명히 도움이 된다.

이러한 시청각적 주의집중력 훈련과 기다리는 과정을 통해서 아름이는 자신감을 얻어가고 있었다. 상담사에게 집중하며 손과 얼굴 표정으로 보내는 다양한 신호에 민감하게 반응했다. 그리고 자신의 생각을 좀더 정확하게 말하기 시작했다. 집단활동이 끝날 때 이루어지는 평가시간이 되면 구체적으로 즐거웠던 상황을 표현했다. 그리고 친구들의 장점뿐만 아니라 자신의 장점도 당당하게 말할 수 있게 되었다. 아름이는 더이상 주눅들고 산만한 아이가 아니었다.

"2학년 선생님은 무섭지 않아요."

아름이는 학교생활에 자신감과 기대감을 보였다. 선생님이나 친구들이 더이상 두려운 대상이 아니었다. 자녀가 지나치게 누군가의 눈치를 보거나 긴장한다면 그 아이를 둘러싼 환경을 반드시 살펴보기를 권한다. 무엇이 그 아이를 산만하게 하는지 애정을 가지고 지켜보아야 한다. 겉으로 드러난 행동을 비난하기보다는 그럴 수밖에 없는 상황을 찾아 변화시키자. 자녀가 바람직한 행동을 하는 멋진 아이로 성장하길 원한다면 정서적 안정을 방해하는 요소부터 차단하자.

모르면 집중할 수 없다

학기초와는 다르게 갑자기 산만해졌다며 특별한 원인이 있는지 궁금하다는 담임선생님의 권유로 상담을 받게 된 태우. 태우는 학교생활에 대체로 잘 적응하는 평범한 초등학교 4학년 남학생이다. 특히 글쓰기를 잘해서 여러 번 상을 받은 적이 있었기에 친구들 사이에서는 공부를 꽤 잘하는 아이로 알려져 있다. 그래서 태우의 부모님은 아들의 학습에 대해서는 특별히 고민하지 않았다. 더욱이 초등학교 때는 튼튼한 게 제일 중요하다고 생각하는 아버지의 자녀교육 철학으로 인해 공부를 강조하는 가정 분위기는 전혀 아니었다.

"태우, 만나서 반가워."
"안녕하세요?"
태우는 수줍은 듯 웃었다.
"학교생활은 재미있어?"
"재미있을 때도 있고 아닐 때도 있고요."

"뭐할 때 재미있어?"

"수업시간도 재미있고, 쉬는 시간이나 점심시간도 재미있어요."

"수업시간이 재미있다는 거 보니까 공부를 잘하는구나!"

"수학만 빼고요."

"수학시간이 재미없는 특별한 이유가 있어?"

"그냥 계산만 할 때는 괜찮았는데, 큰 수를 나눗셈의 틀에 넣고 또다시 검산하고 그러는 과정이 너무 복잡해요. 나누는 수, 나누어지는 수, 몫, 나머지 그리고 또 검산해서 확인하고, 정말 싫어요."

"나눗셈의 풀이과정이 복잡해서 태우가 좀 힘들게 느끼는구나!"

"네."

"그런 수업시간에는 집중하기가 힘들지 않아?"

"당근 힘들지요. 지루하고요."

"그럴 때는 어떻게 해?"

"빨리 쉬는 시간 종이 울리길 기다리며 시계만 쳐다봐요. 다른 친구들은 문제 풀고 있는데 시계만 쳐다본다고 혼날 때가 많아요."

"나눗셈 풀이과정이 어려우니 좀 가르쳐달라고 부모님께 말씀드린 적 있어?"

"아니요. 나눗셈 단원 곧 끝나요."

"단원이 끝날 때 이해가 안 돼도 그냥 넘어가?"

"네. 또 새 단원 시작하잖아요."

"이해가 안 되는 채 단원이 끝났던 적이 또 있었어?"

"네. 나눗셈은 계속 그랬어요. 확실히 이해가 안 돼도 계산문제는 풀 수 있었거든요. 그런데 수가 커지고 풀이과정을 통해서 이해하는지를 묻는 문제는 힘들어요."

태우는 사칙연산을 기계적으로 연습해왔다. 많은 문제를 풀었지만 연산부호가 뭘 의미하는지 이해하지 못하고 반복해서 풀기만 했던 것이다. 등호와 부등호의 개념 또한 마찬가지였다. 더하고 빼고 곱하기는 부호만 보고 기계적으로 계산하는 데 별로 어려움이 없었으나 나누기는 좀 달랐다. 나누어지는 수와 나누는 수, 몫과 나머지의 관계를 제대로 이해하지 못하면 계산하고 난 후에도 검산과정을 제대로 이해하기가 어렵다.

태우는 수학은 늘 계산만 하는 거라고 생각하며 공부해왔다. 이해해야 한다고 생각하지 않았고 각 단원을 배울 때만 연습한 대로 계산했을 뿐이었다. 그래도 80점 이상은 받을 수 있었기 때문에 공부방법에 문제가 있다고 생각하지는 않았다. 그러다 이해를 하지 않으면 계산이 쉽지 않은 큰 수의 나눗셈에서 문제점이 드러난 것이다. 이해가 안 되니까 수업시간이 지루했다. 그래서 멍하니 시계를 보거나 책에 낙서를 하며 시간을 보내다가 선생님께 여러 번 지적을 받게 되었다.

공부에 재미를 붙이는 놀이활동

"어머님, 태우는 집에서 공부를 어떻게 하고 있나요?"

"혼자 알아서 해요. 영어학원에 가고 학교숙제 하는 게 다지요. 아이 아빠가 미리부터 진 뺄 거 없다고 놀게 하라고 해서요."

"태우가 공부하는 데 어려움이 있다고 어머님께 도움을 요청한 적 있나요?"

"아니요. 공부는 웬만큼 한다 싶어서 걱정 안 했어요."

"태우는 머리가 좋은 아이라서 수학의 각 단원을 공부할 때마다 풀이방법만 익힌 다음 시험을 봤던 것 같아요."

수학을 좋아하지 않는 대부분의 아이들은 빨리 답만 찾고 끝내려고 하는 경향이 있다. 시험을 치르기 위해서만 계산법을 익히는 경우가 많다. 수학도 암기과목처럼 여기고 공부하는 경우도 있다. 머리가 좋은 아이들 중에서는 태우처럼 이해하지 않고 풀이과정만 익혀서 시험을 치르는 경우도 있다. 이렇게 수학을 공부한 아이들은 중학생이 되었을 때 전혀 따라갈 수 없는 상황에 놓이기도 한다. 그래서 수학은 문제를 풀기 이전에 반드시 구체물을 가지고 이해하는 과정이 선행되어야 한다.

"태우야, 선생님하고 피자 조각 맞추기 놀이 해볼래?"

"그게 뭔데요?"

"피자 한 판을 몇 조각으로 자르면 가장 공평하게 나눠 먹을 수 있는지 알아맞히는 놀이."

"너무 시시하잖아요."

"과연 그럴까? 자! 피자 여러 판이 있어. 두 조각부터 열여섯 조각까지 나눠져 있는 피자들이야. 태우 가족은 몇 명이지?"

"네 명이요."

"그럼 피자는 한 판이면 되겠다. 그리고 모두 똑같은 양을 먹는다는 조건이야. 어떻게 나누면 될까?"

"그거야 쉽죠. 네 조각으로 나눠진 피자 한 판은 한 조각씩 먹으면 되고요. 여덟 조각이면 두 조각씩 나누면 되지요."

"그래 잘했어. 이게 나눗셈의 풀이과정이야."

"이게 나눗셈의 풀이과정이라고요?"

"'여덟 조각의 피자를 네 명의 가족이 똑같이 나눠 먹는 방법'이 나눗셈의 풀이과정이야. 여덟 조각의 피자는 '나누어지는 수'가 되고, 네 명의 가족은 '나누는 수'가 되지."

"그럼 두 조각의 피자는 '몫'이 되나요?"

"그렇지. 역시 태우는 똑똑해. 나눠 먹고 남은 피자 조각이 있어?"

"아니요."

"그럼 이젠 나머지가 있는 경우를 생각해보자."

"피자 한 판을 주문했는데 여덟 조각으로 나눠져 있어. 그런데 가족이 세 명이야. 어떻게 똑같이 나눌 수 있을까?"

"똑같이 못 나눠요."

"그렇지. 똑같이 나누고 남는 조각이 있어. 그게 바로 '나머지'라는 놈이지."

"그렇다면 여덟 조각은 '나누어지는 수'가 되고, 가족 세 명은 '나누는 수', 나눠 먹은 피자 두 조각은 '몫' 그리고 남은 피자 두 조각은 '나머지'가 되는 거군요."

"그렇지. 세 명이 두 조각씩 먹었으니까 모두 여섯 조각 그리고 남은 두 조각 더하면 처음 피자 여덟 조각이 되는 거지. '3×2+2=8.' 이게 바로 검산과정이야."

"나눗셈의 검산과정이 피자 조각으로 모두 설명될 수 있네요. 신기하다!"

"수가 아무리 커진다고 해도 풀이과정은 똑같아. 그러니까 피자 조각만 생각하면 돼. 태우는 똑똑하니까 잘할 수 있어. 나눗셈 정도야 아무것도 아니지?"

태우는 웃었다. 이해되지 않는 한 부분 때문에 수업시간이 재미없고 지루했었다. 아이가 갑자기 수업시간에 산만해졌다면 수업내용에 대한 이해도와 관련이 있는 경우가 많다. 다른 교과목에 어려움이 없다 하더라도 특정 교과목의 특정 단원에서 이해가 안 되는 부분이 생길 수 있다. 이러한 경우에는 빨리 개입해서 이해할 수 있도록 도움을 주어야 한다. 이해되지 않는 수업을 듣는다면 누구나 산만해질 수밖에 없다. 그러나 자녀에게 생긴 작은 문제에 대해 원인을 정확히 파악할 수만 있다면 특별히 염려할 일이 없다.

산만함은 호기심과 이음동의어다_ 아이가 산만하고 집중하지 못한다며 걱정하는 부모들이 많다. 아름이처럼 정서적인 문제로 집중하기 어렵거나 태우처럼 학습내용이 버거워 따라가지 못하는 경우일 수도 있지만, 그보다는 왕성한 호기심으로 인한 자연스러운 현상일 가능성이 높다. 궁금한 것도 많고 알고 싶은 것도 많은 아이들은 자신이 보고 듣는 모든 것에 관심을 보인다. 그러다보니 무엇 하나에 집중하지 못하는 산만한 아이처럼 보일 수 있다. 무조건 꾸짖고 나무라기보단 아이의 호기심을 하나씩 해결해주면서 가장 관심 있고 좋아하는 분야에 집중하도록 이끄는 교육이 필요하다.

"네가 내 아이라서 정말 고맙다"라는 한마디

아이의 닫힌 마음을 푸는 열쇠

유민이는 단짝 없이 혼자 학교생활을 하는 중학교 2학년 학생이다. 대부분의 여자아이들은 어디든 함께 다니는 무리가 있기 마련이다. 무리의 구성원이 자주 바뀌기도 하고 새로운 무리로 옮겨가기도 하지만 자기가 속할 무리가 있을 때 안정감을 느낀다. 그래서 대부분의 여학생들은 어딘가의 무리에 속하기를 원한다. 그런데 유민이는 속한 무리가 없어서 늘 혼자 다녔다. 급식실에 가서도 왁자지껄 어울려서 즐겁게 식사하지 못했다. 조용히 그리고 빨리 먹고 자리를 뜰 수밖에 없었다. 유민이는 6학년 때 1년간 캐나다로 어학연수를 갔는데 그때부터 혼자 다니는 것에 익숙해졌다. 말도 잘 안 통하는 외국 아이들에게 다가가는 게 어색해서 혼자 다니기 시작했는데 이제는 다른 사람에게 다가가는 게 낯설다.

"유민이는 집에서도 별로 말이 없어요. 어학연수를 다녀온 후부터 말도 잘 안 하고, 자기 방에만 들어가 있어요."

유민이 어머니는 딸의 무기력함을 걱정하고 있었다.

"만나서 반가워."

웃으며 악수를 청하자 유민이는 쑥스러운 듯 손을 잡았다.

"유민아, 상담실이 뭐하는 곳이라고 생각하니? 유민이는 여기서 뭘 하고 싶어?"

"……"

"유민이는 오늘 처음 여기에 왔으니까 뭘 해야 할지 생각하기 어려울 수도 있겠다. 그치? 그럼 선생님이 유민이랑 뭘 하고 싶은지 말해 봐도 될까?"

"네."

"일단 상담목표를 '행복한 유민이 되기'로 정하고 싶어. 물론 유민이의 동의가 반드시 필요하지."

"행복이요?"

"그래, 행복."

"행복이란 말 오랜만에 들어봐요."

유민이의 눈이 반짝였다.

"선생님은 유민이가 행복이라는 단어와 빨리 친해지기를 원해. 꼭 그렇게 될 수 있을 거야."

"제가 그렇게 될 수 있을까요?"

"그럼. 행복도 연습이 필요한 법이지. 행복한 유민이가 되기 위한 연습 좀 해보실까요? 선생님과 함께."

아이들은 대부분 자신이 불행하다고 생각한다

상담실을 찾는 대부분의 청소년들은 자신이 불행하다고 생각한다. 이유는 다양하지만 모두가 견디기 힘든 고통을 안고 도움을 받아야만 하는 절박함을 갖고 있다. '행복'이라는 단어는 자기들과는 거리가 멀다고 느끼는 우리의 아이들. 어떤 아이들은 행복을 '감정의 사치'라고 말하기도 한다.

유민이도 그렇게 생각하고 있었다. 스스로는 해결할 수 없다는 깊은 절망감에 빠져 있었다. 그러나 빠져나올 수만 있다면 그렇게 하고 싶었다. 유민이는 용기를 냈다. 두렵고 떨리는 마음으로 상담사가 내민 손을 잡았다. 행복한 유민이가 되기 위해 한 발짝 내딛기로 결심한 것이다. 목표는 정해졌고, 행복해지기 위한 구체적인 실천계획을 세우고 연습하는 과정이 남아 있을 뿐이었다.

"유민이는 행복을 연습해보겠다고 용기를 냈어요. 부모님의 특별한 관심과 사랑 그리고 격려와 지지가 필요합니다."

"딸이 행복해진다는데 뭐든 해야지요."

유민이는 부모님의 응원을 받으면서 행복해지기 위한 연습을 시작했다.

"유민아, 어서 와."

상담실에 들어서는 유민이를 향해 조금 들뜬 듯한 높은 톤의 목소리로 인사를 했다.

"안녕하세요? 선생님!"

유인이도 조금 어색해하면서도 높은 톤으로 인사하려고 노력하는 모습을 보여서 좋았다. 상대방한테 들릴 듯 말 듯 기운 없는 인사는 더이상 아니었다.

"깔깔깔, 까르르르."

이번엔 유민이를 향해 손뼉을 치며 웃어보았다.

"……"

유민이는 미소를 지은 채 손뼉만 쳤다. 사람들은 웃을 일이 있어야 웃는다고 생각한다. 그러나 웃다보면 웃을 일이 생길 때가 더 많다. 입꼬리만 올려도 뇌가 좋은 일이 있다고 인식하고 우리의 신체가 반응하기 시작한단다. 몸이 행복감을 감지하면 긍정적인 에너지가 만들어지기 시작한다. 그리고 그것을 저장한다. 그렇게 연습과정에서 만들어진 긍정적 에너지가 마중물이 되어 마침내 행복한 자신을 불러올 수 있다.

행복해지는 연습과정에서 자신감은 보너스로 얻을 수 있다. 소리내서 웃어보고 밝은 목소리로 인사하며 힘든 상황을 극복해가는 과정에서 자신에 대한 긍정적인 생각을 하게 된다. 자신을 지지하며 함께하는 상담사와 가족이 있기에 두렵지만 용기를 내고 다음 과정을 또 열심히 연습하게 되는 것이다. 소리내어 웃는 연습을 하던 유민이는 진짜 자주 웃게 되었다. 거울 속의 웃는 모습을 이제는 담담히 바라본다. 웃는 모습이 낯설지 않다.

"이제 우리 모델놀이 한번 해볼까?"

"그게 뭔데요?"

"모델처럼 워킹해보는 거야. 어깨를 쫙 펴고 당당하게 걸어보는 거지."

유민이는 고개를 숙이지 않았다. 어깨를 쫙 펴고 자신 있게 걸었다.

"유민이랑 일주일에 세 번은 산책하고 있어요. 주말에는 온 가족이 공원에도 가고요. 이젠 웃기도 하고 거실에서 함께 머무는 시간도 많이 늘었어요. 딸을 되찾은 기분이라고 남편이 더 많이 좋아해요."

가족과 함께 운동하고 소리내어 웃기 시작하면서 유민이의 표정이 달라졌다. 힘없고 늘 지쳐 있던 그 아이가 아니었다. 자신감이 생기면서 친구들 가까이로 다가가려는 시도를 하기도 했다. 친하게 지내고 싶은 친구를 집에 초대하기도 했다. 그리고 어머니의 제안을 받아들여서 친구를 초대해 생일파티를 열기도 했다. 이제는 혼자 급식실에 가지 않는다. 당연히 식사도 다른 친구들과 어울려서 하고 있다.

행복이 나와는 상관없이 멀리 있는 것이라고 느껴질 때, 거울을 보고 소리내어 웃어보자. 그리고 조금 들뜬 목소리로 반갑게 인사해보자. 무기력하게 방문을 닫고 들어가지 말고 어깨를 쫙 펴고 걸어보자. 행복해지는 연습을 하다보면 진짜 행복한 자신을 발견하게 된다. 행복을 연습하다보면 무겁게만 느껴졌던 삶의 무게가 다르게 느껴질 수도 있다. 자녀가 행복이라는 단어와 너무 멀어져 있을 때는 가족이 먼저 행복해지는 연습을 하자. 그리고 자녀를 그 자리로 초대하자. 행복 바이러스는 전염성도 강하다. 늘 지쳐 있는 자녀에게 행복 바이러스를 전하는 부모가 되길 바란다.

지친 아이는 작은 자극에도 분노를 표출한다

학교폭력으로 징계를 받은 중학생 두 명을 함께 만났다. 학교에서 보내준 상담의뢰서에는 폭력이 발생한 상황이 적혀 있었다. 그러나 둘은 흔히 말하는 가해자와 피해자의 관계가 아니었다. 이미 둘은 친구가 되어 있었다. 피해자와 가해자를 철저히 분리해서 상담을 진행하는 게 관행이었지만 예외로 지혁이와 우주는 집단상담에 함께 참여하게 되었다. 두 아이의 어머니와 함께 진행된 학교폭력 상담이었지만 편안한 집단상담이 될 수 있었다.

어느 날 등교하던 길에 지혁이가 우주를 일방적으로 때렸다. 우주는 얼굴도 모르는 아이한테서 이유도 모른 채 억울하게 맞았다. 하지만 우주는 맞받아치지 않았다. 등교중이었고, 싸움이 커지면 부모님과 선생님이 개입하게 될 테고, 그러면 더욱 귀찮아질 것 같아서 조용히 넘어가려고 했다.

그런데 우주와 같은 반 친구 몇 명이 지혁이를 공원으로 불러내서 보복폭행하는 사건이 발생했다. 우주의 의사와는 아무 상관없이 일어난 일이었다. 다른 반 친구한테 우주가 맞아서 억울했던 아이들은 그냥 넘어갈 수 없다고 생각했던 것이다. 여러 명이 한 명을 때리는 상황이 발생했고, 학교폭력자치위원회가 열렸다. 폭행에 가담했던 학생들에게는 출석 정지와 교내 봉사활동이라는 징계가 내려졌다. 교사는 이 사건이 마무리되는 과정에서 혹시 두 아이에게 마음의 상처가 남지는 않을까 염려된다며 상담을 요청했다.

지혁이와 우주 그리고 두 어머니가 함께 집단상담에 참여했다.
"지혁아, 너 우주랑 어떻게 알았어? 같은 반도 아니던데."
"이번 사건 일어나기 전에는 몰랐어요."
"그런데 어떻게 우주와 싸우게 된 거야?"
"싸운 게 아니고요. 제가 일방적으로 때렸죠."
"등교하다가 모르는 친구를 일방적으로 때렸다는 상황이 이해하기 어려운데 설명 좀 해줄 수 있어?"
"기분도 별로 안 좋게 등교하다가 우주랑 눈이 마주쳤는데 저를 째려보는 거예요. 아니, 째려본다고 느꼈어요. 그래서 나도 모르게 주먹이 나갔어요."

"등교하기 전부터 별로 기분이 안 좋았구나?"

"완전 더러웠죠."

어른들은 이 상황을 이해하기 어렵다. 모르는 친구를 등굣길에 일방적으로 때릴 수 있는 아이라면 엄청나게 질이 나쁜 아이라고 생각할 수도 있다. 그러나 청소년기의 아이들에게는 흔히 일어날 수도 있는 일이다. 무한 입시경쟁으로 인해 친구가 적이 되는 살벌한 학교에서 살아남기 위해 몸부림치는 아이들은 모두 지쳐 있고 늘 화가 나 있다. 그래서 작은 자극에 쉽게 분노를 표출하기도 한다. 자신이 한 행동이 어떤 결과를 낳을지 예견하며 스스로 분노를 조절할 수 있는 아이는 많지 않기 때문이다. 많은 청소년이 아직도 발달과정에 놓여 있다. 그러므로 자녀의 분노 조절을 위한 부모의 역할이 절실한 시기다.

대화는 꼬인 실타래를 푸는 시작이다

"사실은 그날 아침에 지혁이가 화가 아주 많이 난 상태로 학교에 갔어요."

지혁이의 짧은 대답에 어머니가 말을 이었다.

"전날 밤늦게까지 하라는 공부는 안 하고 음악만 듣고 있기에 그만 자라고 소리를 좀 질렀어요. 그러고 역시나 아침에 못 일어나는 거예요. 그래서 정말 입에 담지도 못할 욕을 하면서 깨웠지요. 지혁이도 기분이 나쁜지 아침도 안 먹고 현관문이 부서져라 세게 닫고는 학교에 간다고 나갔어요."

"지혁이가 화가 많이 난 채로 등교를 했겠네요."

"네. 그래서 아무 죄 없는 우주한테 화풀이를 한 거지요. 얼마나 미안한지 몰라요. 우주랑 우주 어머니께 정말 미안했어요."

"그렇게 사과를 하시니까 제가 민망해지네요."

지혁이와 지혁이 어머니의 이야기를 듣고 있던 우주 어머니가 입을 열었다.

"그날 아침에 우주도 기분이 나쁜 채 등교를 했어요. 밤늦게까지 노느라 일찍 못 일어나는 아들을 향해 '그렇게 게을러서 밥이나 먹고 살겠느냐고, 그러다 노숙자 되기 십상'이라고 폭언을 퍼부었거든요. 그 소리를 듣고 등교를 했으니 어쩌면 지혁이가 느낀 것처럼 째려봤을 수도 있어요."

우주 어머니는 고개를 숙였다.

학교폭력과 관련되어 집단으로 이루어지는 상담은 부모와 함께 진행하면 효과적이다. 상담사가 특별히 개입하지 않아도 부모와 자녀가 대화를 통해 서로의 진심을 알게 되어 마음의 문을 여는 계기가 생기기 때문이다. 대화 부족으로 서로의 진심을 알지 못한 채 겉으로 드러나는 부정적인 모습만 보고 담을 쌓고 마음의 문까지 닫는 경우가 많다. 부모로부터 정서적 에너지를 공급받지 못하는 아이들은 쉽게 분노를 표출하기도 한다. 그러므로 부모와의 소통을 경험하고 마음의 문을 열 수 있도록 도와주는 것이 학교폭력 예방의 가장 큰 해결방법이라고 할 수 있다. 그리고 자녀가 자신의 문제 때문에 부모님이 어렵게 시간을 내서 함께 상담을 받는 것에 대해 죄송한 마음을 갖는다는 또다른 효과도 얻을 수 있다. 다시는 좋지 않은 일로 부모님을 힘들게 하지 않겠다며 반성하는 경우도 많다.

칭찬은 많은 것을 이루어낸다

지혁이와 우주는 학교폭력자치위원회가 열리는 과정에서 여러 번 만났다. 지혁이가 주먹을 날려야 했던 상황을 자세하게 듣게 된 우주는 지혁이를 용서했다. 아니 공감했다. 둘은 서로를 이해하고 있었다. 그 때문에 사과를 하고 용서를 구하는 자리가 굳이 필요하지 않았다. 자연스럽게 상담의 목표는 '모자간의 마음 열기, 그리고 사랑 회복하기'로 세웠다. 상대방의 마음을 여는 열쇠는 진심과 사랑이다. 그 진심과 사랑이 상대방의 마음에 감동을 줄 수만 있다면 대성공이다. 상대방을 향한 진심과 사랑이 담긴 칭찬하기는 언제나 마음을 움직인다. 그래서 '칭찬 사과나무 꾸미기'라는 활동을 통해 모자간의 마음을 열고 사랑을 회복할 수 있기를 기대했다.

"어머니와 아들이 각각 사과나무 한 그루씩을 가집니다. 그리고 열 개의 사과 모양에 상대방의 장점을 씁니다. 어머니는 아들의 장점을 쓰고, 아들은 어머니의 장점을 써서 사과나무에 붙입니다. 상대방의 칭찬나무가 완성되면 집단에 참여한 모든 사람들 앞에서 이야기하면 됩니다."

사과나무와 사과 모양의 그림 그리고 풀과 가위를 나눠 가지고 활동을 시작했다. 처음에는 칭찬하는 것 자체가 익숙하지 않아 뭘 써야 할지 모르겠다며 난감한 표정을 짓기도 했다. 평소에 칭찬하지 않는 분위기의 가족이 더욱 어려워하는 활동이다. 그래서 더 이 활동이 필요하다. 칭찬이 얼마나 큰 힘이 될 수 있는지를 직접 경험하면 상대방을 바라보는 시각과 표현언어 그리고 행동이 바뀔 수 있다. 고민 끝에 칭찬 사과나무가 완성되었고, 사람들 앞에서 상대방이 얼마나 멋진 사람인지를 공표하는 시간이 되었다. 어머니와 아들이 짝이 되어 상대방의 멋진 모습을 당당하게 밝혔다.

처음에는 안 하면 안 되느냐며 쑥스러워하던 우주가 먼저 어머니의 장점을 발표했다.

"매일 맛있는 밥을 지어주시는 요리 잘하는 엄마, 항상 깨끗하게 청소 잘하는 엄마, 날씬하지는 않지만 건강한 엄마, 가끔은 나를 향해 친절하게 말해주는 엄마, 공부 못한다고 구박하지 않는 우리 엄마."

우주의 목소리는 진지했다. 장난스럽게 말하지 않았다.

"엄마가 해주는 밥을 늘 맛있게 먹어주는 아들, 백만 불짜리 미소를 가진 매력적인 아들, 무거운 시장바구니를 억지로 빼앗아 들어주는 자상한 아들, 건강한 아들, 네가 내 아들이어서 정말 고맙다."

이야기를 마친 우주 어머니는 한동안 말을 잇지 못했다.

"밥하고 청소하는 일을 고맙게 생각하고 있었던 아들이 대견스럽네요. 그리고 가끔 엄마를 위해 예술적인 솜씨로 라면을 끓여주는 우리 아들 사랑한다."

우주의 어머니는 아들을 사랑스러운 눈빛으로 바라보았다.

어머니의 장점이 뭔지 모르겠다며 난감해하던 지혁이도 펜을 들고 어머니의 장점을 추가해서 썼다. 구체적인 칭찬을 써달라는 주문대로 구체적으로 쓰려고 애를 썼다.

"웃을 때 눈이 예쁜 엄마, 가끔은 애교 있는 귀여운 엄마, 곰돌이 푸를 닮은 건강한 엄마…… 그리고 밥하고 청소하는 게 당연한 일이라고 생각했는데 우주 이야기를 듣고 보니까 좀 부끄럽다는 생각이 들어요. 못난 나를 사랑해주는 엄마 사랑해요."

지혁이 어머니는 아들이 자신의 외모를 칭찬해서 기분이 좋았다는 말을 하며 아들을 칭찬하기 시작했다.

"사고 친 아들 덕분에 상담을 받을 수 있게 되어 고맙고, 대화를 통해 서로를 이해할 수 있게 되어 더욱 고맙고 기뻐. 아들이 늘 철부지라고 생각했는데 이렇게 생각이 깊은 줄 몰랐어. 귀엽고 착한 아들!

네가 엄마 아들이라서 정말 좋아. 사랑해, 아들아!"

지혁이도 어머니도 눈시울이 붉어졌다.

"아들만 보면 공부 열심히 하라는 말밖에 안 했어요. 그게 대화의 전부였지요. 그러면 아들은 문 쾅 닫고 자기 방에 들어가버리고요. 아들과 어떻게 대화를 해야 할지 엄두가 안 났어요. 말만 하면 짜증을 내니까요. 그런데 칭찬을 하게 되니까 아들이 다르게 보이네요. 나도 칭찬을 받아보니 이렇게 기분이 좋은데 여태 뭐했나 싶네요. 우리 아들한테 칭찬 한마디 안 하고 살았으니……"

우주 어머니도 아들과 서먹하고 답답했던 시간을 안타까워하고 있었다.

"이제 집에 가면 연습한 대로 한번 해볼래요. 이 칭찬 사과나무 가져가도 되나요?"

"그럼요. 가져가셔서 잘 보이는 곳에 붙여두세요. 말은 힘이 있습니다. 사랑과 격려의 말을 하면, 하는 사람도 듣는 사람도 용기가 나지요. 반대로 독이 되는 말을 하면 모두가 상처를 받을 뿐입니다. 자녀에게 힘과 용기를 줄 수 있는 든든한 어머니가 되길 바랍니다. 이제 아들의 손을 한번 잡아보세요. 그리고 안아주세요. 요즘 학교는 마치 전쟁터와 같습니다. 매일 전투를 치르고 돌아오는 아이들에게 가정은 안식처이면서 정서적 에너지의 충전소가 되어야 합니다. 아이들은 늘 지쳐 있거든요."

"네. 냉장고에 잘 붙여두고 아들에게 칭찬하고 격려하는 말을 하도록 노력하겠습니다. 감사합니다."

두 어머니는 칭찬 사과나무를 받아들고 아들을 다시 한번 바라보았다. 그리고 잘해보자는 눈빛을 교환하며 상담실을 나섰다.

칭찬은 장점을 키우는 비료다_ 늘 말썽만 피우고 반항하는 아이라고 해도 장점이 없는 것은 아니다. 공부는 못하지만 노래를 잘할 수도 있고, 부모님 말씀은 잘 듣지 않지만 동생은 잘 돌볼 수도 있다. 아이의 아주 사소하고 작은 장점이라도 찾아내어 칭찬하면, 아이는 더 큰 칭찬을 받기 위해 개선하고 발전하는 모습을 보인다. 칭찬은 장점이라는 나무를 키우는 비료와 같다는 사실을 명심하자.

에필로그

아이는 기다리고 있다

　친구들의 악성 댓글에 상처를 입고 자해를 했던 다빈이도, 공부만 강요하는 아빠를 피해 게임에 빠졌던 윤식이도, 왕따를 당했던 여러 친구들도 정말 견디기 힘든 상황이었지만 부모에게 적극적인 도움을 청하지 않았다. 자살이라는 극단적인 방법을 선택하는 대부분의 아이들도 부모에게 도움을 청하지 않고 혼자 힘들어한 경우가 많다.

　부모와의 관계가 특별히 나쁘기 때문은 결코 아니다. 가장 큰 이유는 자녀가 힘들다고 보내는 신호를 부모가 제대로 알아차리지 못하기 때문이다. 아이는 위험에 처했을 때 어떤 방법으로든 신호를 보낸다. 갑자기 잠이 많아지며 우울해지기도 하고, 짜증을 내며 과격하게 행동하기도 한다. 가장 흔하게는 문을 쾅 닫고 방에 들어가는 것으로 자신의 감정이 상했음을 드러낸다. 이럴 때 왜 무기력하냐고, 짜증을 내느냐고, 버릇없이 구느냐고 몰아붙인다면 아이들은 말문뿐만 아니라 마음의 문까지도 닫아버리는 경우가 많다. 그리고 이렇게 생각한다.
 '우리 엄마 아빠는 내 마음을 몰라. 관심도 없어.'
 그러면서도 아이들은 기다린다. 부모가 다가와서 자신의 소리에 귀 기울여주기를 말하지 않아도 알아주기를 말이다. 이러한 자녀들을 향해 '네가 먼저 믿을 만한 행동을 해봐. 그러면 내가 다가가서 너에게 손을 내밀지'라고 생각하는 부모가 없기를 바란다. 우리의 자녀는 아직 성장기에 있다. 옳고 그른 것을 이성적으로 판단해서 행동하기를 기대하는 것은 무리다. 아이가 좀더 성장할 수 있도록 아이를 지지하고 격려하면서 믿고 기다려야 한다.
 또한 일어나지도 않은 일을 미리 걱정하며 불안감에 빠지지 않도록 경계해야 한다. 부모의 막연한 불안감은 자녀의 행동에서 잘못된 부분만 찾아 잔소리하는 결과를 가져오곤 한다. 자신의 잘못된 행동만 찾아서 비난하는 부모를 향해 어떤 아이가 힘든 일이 있으니 도와달라고 부탁할 수 있을까? 털어놓아봤자 못난이라는 핀잔을 들을 뿐이라고 생각되면 아이는 부모에게 마음을 열 수가 없다.
 가정에서 충분한 지지와 사랑을 받지 못하고 비난만 받으며 성장한 아이들은 집밖에서 자기보다 약한 대상을 향해 화풀이를 하기도 한다. 친구를 향해서도 비난할 이유를 찾고, 마침내 자신이 어른에게 당한 것처럼 친구를 비난하고 때로는 친구를 화풀이의 대상으로 삼아 폭력을 휘두르기도 한다. 그렇게 화풀이의 대상이 되는 힘없는 아이들을 많이 만나게 되는 상담사로서 매우 안타까운 일이다. 그래서 다시 한번 호소하고 싶다.

"당신의 자녀를 화나게 하지 마십시오. 마음의 문을 닫아버리기 전에 적극적으로 다가가십시오. 당신의 자녀는 지금도 당신이 다가와주기를 기다리고 있습니다. 다소 거칠게 반항을 하더라도 문을 두드리고 다가가십시오. 마침내 마음의 문을 열어줄 때까지 말입니다. 반드시 그 문은 열립니다. 바로 가족이기 때문입니다."

부록 1

다름을 인정할 줄 아는 아이로 키우는 놀이법

칭찬 사과나무 꾸미기

- 온 가족이 잘 볼 수 있는 곳(예를 들어 냉장고)에 가족 각각의 이름이 적힌 칭찬 사과나무를 붙여둔다.
- 칭찬할 일이 있을 때 구체적으로 칭찬할 내용을 써준다.
- 칭찬 사과나무에 칭찬 사과가 채워졌을 때 이를 축하하는 이벤트를 하면 바람직한 행동은 더욱 강화될 것이다.
- 칭찬하고 칭찬받는 과정을 통해서 다른 사람의 단점보다는 장점을 볼 수 있는 아이로 성장할 수 있다.

칭찬 샤워

- 온 가족이 축하하거나 칭찬할 일이 생겼을 때, 그 주인공을 가운데 의자에 앉힌다.

- 나머지 가족이 한 명씩 돌아가면서 의자에 앉은 주인공의 장점을 구체적으로 말해준다.
- 칭찬하는 방법을 몇 가지 예로 들어보겠다.

  "학교에 갔다 오면 가방을 책상 아래에 가지런히 두는 우리 딸(또는 아들) 정말 멋져. 가방이 현관 앞에 있을 때는 집이 조금 지저분해 보이고 불편하기도 했는데 말야."

  "양말을 뒤집어서 벗지 않고, 세탁통에 잘 넣어준 우리 아들(또는 딸) 고마워. 세탁하기가 훨씬 쉬워졌어. 고마워."
- 개선되어야 할 행동이 있을 때, 먼저 약속을 정하고 그 약속이 잘 지켜질 수 있도록 강화하는 방법으로 사용해도 효과적이다.
- 칭찬할 구체적인 상황을 이야기한 후에 '멋진 아이'라는 대목에서는 엄지손가락을 치켜세우는 동작을 다함께 해도 좋다.

신체화 그리기

- 누운 아이의 몸 전체를 그릴 수 있는 크기의 종이를 준비한다.
- 아이를 종이에 눕힌다.
- 신체부위가 드러나도록 그린다.
- 각각의 신체부위가 하는 일을 아이와 의논하여 써본다.
- 어느 한 신체부위가 아파서 제 기능을 못 할 때의 상황에 대해 이야기 나눈다.
- 신체의 소중함을 앎과 동시에 '다른 것'이 모여서 이루는 조화에

대해서 이야기 나눈다.
- 조화를 이루기 때문에 더욱 가치 있는 것에 대해서 이야기를 나눈다.

가족의 보물찾기 - 나와 다르지만 가족에게 있는 닮고 싶은 모습 찾기
- 자기에게는 없는데 다른 가족에게는 있는 보물찾기 놀이를 하자고 제안한다.
- 보물을 찾아내는 과정은 자유롭게 선택하도록 한다(주인공 인터뷰, 할머니와 전화, 관찰 등).
- 일정한 기간을 정하고 정보를 수집해서 다른 가족의 숨겨진 보물을 찾아낸다.
- 자신과 다르지만 다른 가족에게 있는 닮고 싶은 모습을 발견하는 과정을 통해서 가족애와 함께 다른 사람에 대한 긍정적인 관심을 가질 수 있다.

징검다리 놓아주기
- 바닥에 깐 매트는 '강물'이라고 하고, 종이 벽돌은 '징검다리'라고 하기로 약속한다.
- "소중한 가족이 강물에 빠지지 않도록 징검다리를 놓아주자!"라고 말한다.
- 두 명이 짝이 되어 한 명은 출발선에 서고 다른 한 명은 종이 벽

돌로 징검다리 놓을 준비를 한다.
- 출발신호와 함께 짝이 된 가족이 강물에 빠지지 않도록 보폭을 고려하여 적절한 위치에 벽돌을 놓는다. 매트 끝까지 갔다가 빨리 돌아오는 팀이 승리한다.
- 승리보다는 사랑하는 가족이 편안하게 징검다리를 건널 수 있도록 배려한 점에 더 큰 박수를 보낸다.
- 가족의 소중함과 다른 사람에 대한 배려심을 배울 수 있다.

『이솝우화』 속의 주인공 위로하기

- 자녀와 『이솝우화』를 읽을 때는 교훈을 아는 것도 중요하지만, 어려움에 처한 누군가를 따뜻하게 위로하는 자세를 알게 하는 것이 더욱 중요하다.
- 「토끼와 거북」을 읽고 잘난 척하다가 경주에 진 토끼를 비난하며 교훈을 가르치기보다는 "토끼야, 속상하지! 나는 네가 이길 줄 알았어. 나무 그늘에서 자지만 않았다면 네가 이겼을 텐데"라는 위로의 말을 해보게 한다.
- 역할극을 통해서 부모가 먼저 토끼를 위로하는 역할을 해본다. 위로를 받았을 때 어떤 느낌이 들었는지 이야기를 나눈 후 역할을 바꿔본다.
- 부모가 토끼 역할을 할 때, 자녀의 위로를 받은 후에 『이솝우화』의 교훈을 토끼를 통해서 전달하는 것이 훨씬 효과적이다.

부록 2

아이의 주의집중력을 높여주는 놀이법

다양한 높이로 하이파이브하기
- 하이파이브는 자녀를 격려하는 데 도움이 될 뿐만 아니라 주의집중력 향상에도 효과적이다.
- 손의 위치를 다양하게, 즉 위아래 혹은 좌우로 변화를 주어 시선 이동이 자유롭게 이루어질 수 있도록 한다.
- 자유로운 시선 이동과 시야 넓히기는 학습뿐만 아니라 자연스러운 상호작용에도 큰 영향을 줄 수 있다.

탁구공 불기
- 연필이나 수수깡으로 탁구공이 움직일 수 있는 길을 만든다.
- 그 길 위에 탁구공을 올려놓는다.
- 마주앉아 신호에 맞춰 탁구공을 분다.

- 더 빨리 세게 불어 탁구공을 바닥으로 떨어뜨리면 이긴다.
- 게임 시작 전과 게임중에 눈을 맞출 수밖에 없는 활동이라서 다른 사람과 눈을 맞추기 힘들어하는 경우에 큰 도움이 된다.

움직이는 컵 속에 숨겨진 과자 찾기
- 불투명한 컵을 여러 개 준비한다.
- 컵 한 개에 과자를 숨기고 컵의 위치를 여러 번 바꾼다.
- 컵의 자리를 바꿀 때마다 시선 추적을 하여 숨겨진 과자를 찾을 수 있도록 한다.
- 과자가 숨겨진 컵을 손으로 만지거나 미리 말하지 않도록 하는 과정은 충동성 조절에도 도움이 된다.

기억하기 게임
- 같은 모양이나 글자카드를 두 장씩 만들어 그림이나 글씨가 보이지 않도록 뒤집어놓는다.
- 순서를 정하고, 두 장을 뒤집어 같은 그림이나 글자가 나오면 가져간다. 같은 그림이 나올 경우 한 번의 기회가 더 주어진다. 그러나 다를 경우에는 다른 사람에게 기회가 넘어간다.
- 카드가 모두 없어질 때까지 게임이 진행된다.
- 카드를 많이 가진 사람이 승리한다.
- 카드의 모양과 위치를 집중해서 보고 기억해야 하기 때문에 시

각적 집중력뿐만 아니라 기억력 향상에도 도움이 된다.

숫자 순서대로 따라 말하기
- 숫자를 불러주면 잘 듣고 그대로 따라서 말하게 한다.
- 자녀의 수에 대한 이해 정도와 기억력을 고려하여 난이도를 조절한다.
- 순서대로 따라 말하기가 익숙해지면 숫자를 거꾸로 세어보는 것도 시도해본다.

계산기 누르기 - 불러주는 대로 누르기
- 먼저 계산기 사용방법을 알려준다(사칙연산과 등호, 부등호의 부호에 대해서도 설명한다).
- 계산기를 놓고 불러주는 대로 누르게 한다.
- 정답을 확인하고 칭찬하거나 상을 준다.
- 청각적 주의집중력 향상을 위해 효과적인 활동이다.

동화 속의 한 문장을 듣고 동화 제목 알아맞히기
- 자녀에게 익숙한 동화를 몇 편 선택한다. 연령과 언어이해력을 고려하여 동화의 내용과 수를 정한다.
- 동화의 제목을 알아도 정답을 말할 기회를 얻을 때까지 기다리도록 한다. "이 동화의 제목은 무엇일까요?"라는 말까지 들은 후

손을 든다. 그리고 호명이 되었을 때 정답을 말해야 한다는 규칙을 미리 알려준다.
- 예를 들면, "일곱 난쟁이는 독이 든 사과를 먹고 쓰러진 공주를 보고 목놓아 울었어요. 이 동화의 제목은 무엇일까요?"라고 말하면 질문을 끝까지 들은 후 손을 들고, 호명이 되었을 때 "백설공주"라고 대답하게 한다.
- 기다려야 하는 규칙을 잘 지킨 것에 대한 칭찬을 과장되게 할 필요가 있다.
- 주의력 향상뿐만 아니라 충동성 조절을 위한 활동으로도 효과적이다.

일정한 단어에 손뼉치기
- 먼저 어떤 단어가 나올 때 손뼉을 칠지 정한다.
- 예를 들면 '빵'이라는 말이 나오면 손뼉을 치기로 한다. 그러고 난 뒤 "어느 마을에 맛있는 빵만 만들어서 파는 빵집이 있었습니다. 그 빵집 진열대에는 팥빵, 밤빵, 꿀빵, 식빵이 먹음직스럽게 놓여 있었습니다"라고 말하면 '빵'이라는 말이 나올 때마다 손뼉을 쳐야 한다.
- 몇 번 연습한 후 익숙해지면 아이들이 단어를 바꿔서 직접 진행해도 재미있다.

'가라사대' 놀이

- '가라사대'라는 말을 하고 명령을 하면 그 명령을 따라야 한다는 규칙을 알려준다.
- 그러나 '가라사대'라는 말을 하지 않고 명령을 할 경우 그에 따르면 술래가 된다.
- 즐거운 경험이 될 수 있는 명령을 하도록 한다. 예를 들면, "아빠에게 뽀뽀해라" "동생을 칭찬해라"와 같이 명령에 따르는 과정이 서로에게 즐거움이 되면 더욱 좋다.
- 만약 명령에 따르는 동작이나 말이 불쾌감을 줄 경우에는 즉시 중지한다.
- 활동을 시작하기 전에 미리 명령어의 범위에 대해서 충분한 토론을 하는 것도 좋다.

글의 달라진 부분 찾기

- 다음의 예를 참고하되, 자녀의 언어이해력을 고려하여 수준에 맞게 재구성하는 것이 좋다.
- 처음에는 호칭을 바꾸거나 색의 이름을 바꾸는 등 구별이 쉽도록 만든다.
- 점점 난도를 조절하여 집중을 해야만 달라진 부분을 찾을 수 있도록 한다.

열두시 종이 울리자 신데렐라는 황급히 무도회장을 빠져나왔습니다.	열두시 종이 울리자 백설공주는 황급히 무도회장을 빠져나왔습니다.
백설공주는 독이 든 빨간 사과를 먹자마자 그만 쓰러지고 말았습니다.	백설공주는 독이 든 파란 사과를 먹자마자 그만 쓰러지고 말았습니다.
일터에서 돌아온 일곱 난쟁이는 독이 든 사과를 먹고 쓰러져 있는 백설공주를 보고 눈이 휘둥그레졌습니다.	일터에서 돌아온 일곱 난쟁이는 독이 든 사과를 먹고 쓰러져 있는 백설공주를 보고 눈이 둥그레졌습니다.
무도회에 갈 수 없는 신데렐라는 너무 슬퍼 울기 시작했습니다. 그러자 요술할머니가 나타나 요술지팡이를 흔들자 호박은 마차로, 생쥐는 마부로 변했습니다.	무도회에 갈 수 없는 신데렐라는 너무 슬퍼 울기 시작했습니다. 그러자 요술할머니가 나타나 요술지팡이를 휘두르자 호박은 마부로, 생쥐는 마차로 변했습니다.

'의자 앉기' 게임 – 북소리의 빠르기에 맞춰 몸 움직이기

- 게임에 참여할 가족의 수만큼 의자를 놓는다(의자 대신 두꺼운 종이로 대체해도 좋다).
- 페달 드럼(손잡이가 달린 작은 북, 소고로 대체해도 좋다)의 소리에 맞춰 몸을 움직이는(발을 떼는) 활동임을 설명한다.
- 모두 의자에 앉은 후 북소리가 크게 울리면 자리에서 일어나게 한다.
- 처음엔 천천히 움직일 수 있도록 북을 친다. 북소리를 듣고 움직여야 하는 활동이지만, 대부분은 미리 움직이는 경우가 많다. 북소리를 듣고 움직여야 한다고 강조한다. 미리 움직이면 탈락

할 수 있다는 규칙을 확실히 알려준다.
- 점점 북소리를 빠르게 하여 아이들이 신나게 뛸 수 있는 기회를 제공한다. 잉여 에너지를 발산할 수 있도록 한다.
- 그러다 다시 큰 북소리가 한 번 더 나고 멈추면 빨리 의자에 앉게 한다.
- 청각적 주의집중력 향상에 도움이 된다.

눈 가리고 악기 소리 따라가기
- 가족이 둘씩 짝을 짓는다.
- 눈을 가리고 짝이 내는 악기 소리(소고나 가정에 있는 다양한 악기로 활용 가능함)를 따라가며 청각적인 자극에만 집중해보는 놀이다.
- 익숙해지면 미로를 따라 걸어보기도 하고, 다양한 악기 소리가 들리는 가운데 짝의 악기 소리만 따라가는 놀이를 할 수도 있다.
- 시각적인 자극이 차단된 상태에서 청각적인 자극에만 집중하는 경험은 주의집중력 향상에 도움이 된다.

같은 소리 짝짓기
- 불투명한 통과 통 속에 넣을 다양한 종류의 내용물(곡식, 종잇조각, 구슬 등)을 준비한다.
- 같은 내용물을 각각 두 개의 통에 담는다.

- 여러 종류의 내용물을 담은 통을 만들어 아이에게 제시한 후, 흔들어보고 같은 내용물이 든 통을 찾아보는 활동이다.
- 청각적 주의집중력 향상에 도움이 된다.

사랑의 전기놀이
- 온 가족이 둥글게 둘러앉아 양손을 잡는다.
- 한 명이 오른쪽 손에 힘을 주어 오른편에 앉은 가족에게 신호를 보낸다. 그러면 그 같은 세기와 횟수의 전기신호가 옆 사람에게 전달되어 처음 그 신호를 보냈던 가족에게로 돌아오게 된다.
- 전기신호가 원점으로 돌아오면 전기신호의 이름을 정해본다. 상황에 따라 다양한 이름을 붙일 수 있다. 예를 들면 세 번 힘주어 전기신호를 보낸 후, '사랑해' 전기였다고 이름을 붙일 수 있다.
- 활동하기 전에 사랑의 마음을 느껴보자고 말하는 것이 중요하다. 가족을 떠올리고 그 사랑을 기억하며 전기신호를 보내는 놀이다. 가정에서 잠자기 전에 잠자리에 누워서 "잘 자" 하고 인사를 나눌 때 해도 좋은 활동이다.
- 손으로 전해지는 자극에만 집중할 수 있어서 주의집중력 향상에 도움이 된다.

아이의 엉킨 마음을 풀어주는 법
ⓒ이경자 2014

1판 1쇄 2014년 3월 21일
1판 2쇄 2014년 12월 3일

지은이 이경자
펴낸이 강병선

기획·책임편집 고아라 | 편집 유은하 임혜지
디자인 김마리 이주영 | 마케팅 정민호 이연실 정현민 지문희 김주원
온라인 마케팅 김희숙 김상만 한수진 이천희
제작 강신은 김동욱 임현식 | 제작처 한영문화사(인쇄) 한영제책사(제본)

펴낸곳 (주)문학동네
임프린트 아우름
출판등록 1993년 10월 22일 제406-2003-000045호
주소 413-120 경기도 파주시 회동길 210
전자우편 editor@munhak.com | 대표전화 031) 955-8888 | 팩스 031) 955-8855
문의전화 031) 955-1933(마케팅), 031) 955-1915(편집)
문학동네카페 http://cafe.naver.com/mhdn | 트위터 @munhakdongne

ISBN 978-89-546-2436-7 13590

* 이 책의 판권은 지은이와 문학동네에 있습니다. 이 책 내용의 전부 또는 일부를 재사용하려면 반드시 양측의 서면 동의를 받아야 합니다.
* 이 도서의 국립중앙도서관 출판시도서목록(CIP)은 e-CIP 홈페이지(http://www.nl.go.kr/ecip)와 국가자료공동목록시스템(http://www.nl.go.kr/kolisnet)에서 이용하실 수 있습니다.
(CIP제어번호 : CIP2014007747)

www.munhak.com